顶尖文案

188种走心广告句式

汪豪　尹雨诗◎著

電子工業出版社
Publishing House of Electronics Industry
北京•BEIJING

编辑说明

◎为了客观呈现新媒体的“真实面貌”，对于一些当前十分流行但不符合出版规范的网络用语，本书采用语义相近的词语进行替代。

◎为了真实呈现互联网语境下的语言表达习惯，书中的部分内容，特别是在新媒体中常用的各种形象化词汇，尽可能“原汁原味”地保留约定俗成的表达方式，文中不再赘述。

◎为讲述内容的需要，本书不可避免地提到了一些品牌或产品的文案，仅用于学术研究和交流，版权归权利人所有，由于无法第一时间与权利人取得联系，如有不当之处，请第一时间与我们联系，在此真诚致谢。

◎本书提到的品牌或产品，并不意味着本书作者和出版社绝对认可这些品牌或产品，更不构成对任何人的购买或投资建议。市面上的每一个品牌和产品，既有其相对优点，也有其难以克服的不足，需要读者朋友自行判断。

谨以此书，致敬文案。

序言

这本书，被出价 1000 元。

一

在你阅读本书之前，我已经出版了 6 本商业书籍，还有 1 本诗集。在每一本书完稿之前，我都会认真地为自己的新书写一篇序言。

在你看到这篇序言之前，已经有好几个版本的序言被我否定了，这是最后才确定的一个版本。

二

2000 年我进入广告行业，走到今天，已经走过了 19 年。

我阅读了无数的文案，看过不少与文案[1]有关的书，每年都会为各种各样的品牌写各种各样的文案。

当然，从 2006 年开始，我也给广告专业的学生分享文案写作经验。

---

[1] 文案：旧时指官署中的公文、书信等，现既指企业的事务性文字，又可指做这种工作的人员。

三

我在4年前曾出版过一本与文案有关的书。尽管这些年这本书一直很畅销，但是我并不是很满意，一直想重新写一本。

这个想法在我脑子里酝酿了4年，直到2018年12月31日那天，我决定要开始写关于文案的新书了。因为我有了一个自认为很好的想法。

四

其实我并不是一个喜欢写书的人，我只是一个喜欢阅读的人。

然而，在阅读过的和文案有关的书中，我总是找不到令我特别满意的，或者值得每一位文案都拥有的。所以现在出版的这本书，我希望它是值得每位文案拥有的。

我写作只有一个目的，就是把自己想读却买不到的内容写出来。

五

虽然这本书我花了4个月的时间就完成了，但是里面的案例我收集了近20年，因为我阅读和写作文案的时间也近20年。

古人曾有言，熟读唐诗三百首，不会吟诗也会吟。所以，我在和新人分享文案经验之前，都会将自己不断整理出来的文案集辑成册，发给他们阅读。到今天，在我的文案库里，已收录了10000多条广告语或广告标题，还有1000多个品牌的共计5000多页的广告文案。

我的学生和行业内的朋友认为，我的文案库的价值太高了。

六

如何精选文案库的文案，呈现给更多的同行?

如何在文案的基础上，给同行和新人带来更多的价值?

如何让一本文案书成为对每一位文案都有价值的文案书?

我想其实一本书是不能完成所有使命的，所以在本书里，我选了一个角度，从句式或关键词的角度分享我的经验和感受。

七

我对 5000 多页的优秀文案进行了分析，总结出了 300 多种常见的句式或常用的关键词。然后，我挑选了比较有代表性的 188 种，对最新和最优秀的文案进行了归类，这花了我近两个月的时间。

当我整理完的时候，我自己从头到尾阅读了一遍。我认为，即使对于已经从业近 20 年的我来说，这也是相当有价值的。

如果某一个朋友分享给我这样的资料，那么我愿意至少为其支付 1000 元；如果他要求支付 3000 元以上，那么我想我也不会拒绝。

八

一件东西是否有价值，在于是否有真正懂得它的价值的人。

不过，当出版社编辑看到我的第一版书稿时，他们觉得这不像一本书，更像一个“合集”。

在这个世界上，去哪里找这样好的“合集”呢？它只是看起来像“合集”而已。

九

我想，我可以给这个“合集”再附加一些价值，尽管它已经值1000元。

于是，我决定把自己近20年来关于文案的研究和创作经验及感受，在本书中和你分享。我相信很多文案大咖都不会这样细致地和你分享，你也不会从任何有关文案的图书中读到这些话，我暂且将其称为“精辟洞见”。

当然，对于那些原本就清楚这个“合集”本身就已经值1000元的人来说，我的所谓的“精辟洞见”基本上是没有价值的。

但是，对于那些觉得“合集”一文不值的人来说，我的“精辟洞见”可能只值20元，也就是一本打折二手书的价钱。

如果你觉得我谦虚了，那么你一定是对的。

十

在这篇序言的开头，我说过在我写这篇序言之前，我已经否定了好几个版本，因为那些版本都不能很好地表达我内心所想的东西。

我曾经也想以“这本文案书必须被出版”作为序言的标题，因为我想起乔布斯在1997年发布以“Think Different”为主题的苹果公司广告片，在团队不太支持发布广告片的情况下，他宁愿自己掏钱也要播出广告片。在乔布斯看那个广告片时，他自己都看得流泪了。

当然，在乔布斯离开人世之后，人们把乔布斯也视作“Think Different”的广告片中那些伟人一样的伟人。

十一

我将我近 20 年的文案经验搬出来，将我 10000 多条广告标题和 5000 多页的广告文案库搬出来，将我 4 个月的分析、整理和写作的辛劳搬出来，甚至最后把乔布斯和苹果公司的传奇广告片搬出来，只为了表达一件事情，那就是："我是一名文案，我愿意为这本书支付不止 1000 元。"

然而，不管出版社怎么定价，你为这本书支付的费用都不会超过 100 元。

十二

所以，这本书必须被出版。

因为它的价值，就是文案的价值。

好文案是这世上最美妙的语言。

而你和我，正是一名文案。

十三

不过，不管怎么样，这本书依旧是一本"合集"。

因为严格意义上，这本书里出现了近 500 个广告主或品牌名和 1000 多条文案，意味着可能有 500 位广告主、1000 位以上的文案人员参与创作了这些文案。

所以，如果这本书价值 1000 元，那么 999 元的价值应该归功于这些公司和创作这些文案的文案人员。

在阅读本书之前，我们先致敬这些优秀的广告主和文案人员。

汪豪

目录

1 > “爱……”

世界上最动人的三个字是“我爱你”。

优秀的文案深谙这个道理，要打动消费者，就告诉他我们爱他。

要不就告诉消费者，如果你爱对方，那么你就应该怎么做；如果你想知道对方爱不爱你，那么你看看对方有没有为你做什么。

而这一切，最终都是为了引导消费者购买我们的产品。

爱她，就请她吃哈根达斯。

——哈根达斯冰激凌

情话都是学来的，但爱你是真的。

——杜蕾斯“520”文案

我爱你不后悔，也尊重故事的结尾。

——电影《前任 3：再见前任》

为你做的每件小事，都是爱的证据。

——潘多拉

我做事三分钟热度，却也爱你那么久。

——珍爱网“520”文案

每个惊喜背后，都是开不了口的我爱你。

——唯品会《开不了口》

他忘记了很多事情，但他从未忘记爱你。

——央视“孝敬父母”《打包篇》

即使满身是刺，也会有人想尽办法去爱你。

——Erste Bank & Sparkasse 圣诞节公益广告

你问我最爱你哪种样子，我最爱你不“渣”的样子。

——飞利浦

“吻”是爱情最共通的模样，是世界上最安静的我爱你。

——伊利畅轻酸奶“520”文案《相爱难得》

2 > “把/将……”

商品和我们的生活有什么关系呢?

如果商品和我们的生活没有关系,那么商品就是没有价值的。

所以,要么“把/将”商品植入人们的生活,要么植入人们的想象空间。

我们的诉求是什么,“把/将”它写进文案,写进人们的生活,写进人们的大脑。

把心意做进生意里。

——微店

把 1000 首歌装到口袋里。

——苹果公司 iPod

将所有一言难尽,一饮而尽。

——红星二锅头

3 > “比……更……”

相信我们，我们比所有人都对你好。

相信我们，我们比所有人都更了解你。

相信我们，我们比所有竞品都更适合你。

相信我们，我们比所有人都为你想得更多。

只要你相信我们，只要你选择我们，我们就能生存下去，我们的广告也就能继续做下去。

迷人的文案，只为俘获消费者的心。

我们想的比你更多。

——神州电器

比女人更了解女人。

——雅芳

在女生的游戏中，比赛比比较更有趣。

——NIKE WOMEN

与你同行的人，比你到达的方向更重要。

——特拉克尔（奥地利诗人）

4 > “别/不要/戒……”

听我们的，别做傻事。

我们会告诉你什么是真的，什么是假的。

广告塑造的是一个虚拟世界，它只存在于虚幻的广告梦境。

在人们要我们怎么做的时候，广告告诉你别怎么做。

听我们的，别那样，不要那样，把该戒掉的都戒掉，你只要买我们的商品就对了。

我们不随波逐流，去做不一样的事吧。

不要太潇洒。
——杉杉西服

别赶路，去感受路。
——沃尔沃 XC60

别把愿望，等成遗憾。
——京东金融

别动手，有话好好说。

——Aptira 中文语音输入系统

别浪费生活这个摄影棚。

——魅族 Note 8

别把你们的相遇交给命运。

——凌仕香水

别说你爬过的山，只有早高峰。

——宝马 MINI

别让你的品位，配不上你的房子。

——世欧王庄楼盘

不要去冒险，胆小就不会有危险。

——陌陌《就这样活着吧》

别让两千元以下的风，吹过她的头发。

——吹风机（京东电器）

别给孩子讲故事，陪他发生点故事。

——林氏木业

别在清爽的年纪，活成油腻的样子。

——飞利浦新年礼盒套装

别把酒留在杯里，别把话放在心里。

——泸州老窖父亲节文案

别忙着抵挡生活的耳光，醒一醒，你的天真。

——电影《哆啦 A 梦：伴我同行》

别伪装，感受真实。

——费洛蒙香水

不要穿着 21 世纪的高跟鞋，走着 20 世纪老奶奶的路线。

——台湾意识形态广告公司

不要让我们的孩子只能在博物馆里才能见到今天的动物。

——动物保护组织

“父亲十戒”

1．拒绝带孩子看《狮子王》。

2．忽略木法沙被刀疤陷害的教训。

3．看运动转播比看老婆认真。

4．对厨房与尿布陌生。

5．只和孩子用国语交谈。

6．成家3个月开始觉得后悔。

7．喜欢一个人独处。

8．对“成功男人的背后有一个默默付出的女人”深信不疑。

9．将中兴百货的折扣广告藏起来不给老婆看。

10．放弃向父亲索要礼物。

——中兴百货父亲节文案

5> “别人……（我/自己）……”

别人是别人，我是我。

每个人都在努力活成别人想成为的人，当每个人都在活成那个人的时候，就会在不经意间试图问自己到底想成为什么样的人。

于是，文案（人员）找到了拨动心弦的文案。

在我们的眼里，你是不一样的，因为你原本就不一样。

当所有人都这样对待你时，我们对你会不一样。

你喜欢和喜欢你的人在一起，你喜欢和懂你的人在一起。

我们就是喜欢你的人，我们就是懂你的人。

我们就是那个品牌。

是的，很多时候，我们的朋友还不如一个品牌了解我们。

读懂书中的别人，找到本真的自己。

——QQ 阅读《读自己》

看别人的脸色，不如看自己的好气色。

——三草两木（护肤品牌）

别人看到你的成就，我们看到你的奋斗。

——奥迪 A6L

别人只看到我很惨，我却明白自己的使命感。

——钉钉《创业很苦，坚持很酷》

别人看到的是满地的六便士，他却抬头看见了月亮。

——京东图书

跨出别人指定的路线，自然（会）到达别人到不了的地方。

——Timberland

你只需喝着哈啤，看别人成功。因为轮也轮不到你。

——哈尔滨啤酒

为别人奔波了大半生的路，从今以后的路为自己而走。

——Jeep

如果连幸福的模样，都要和别人一样，那人生该多无趣。

——JONAS & VERUS 七夕节文案

我不想做别人设计好的曲婉婷，我想做曲婉婷的曲婉婷。

——OPPO Ulike《曲婉婷篇》

最讨厌别人劝我从良了，从小到大，年年都是优，你叫我怎么从良?

——电影《后会无期》

我不在乎别人怎么说，我从来没有忘记我对自己的承诺，对爱的执着。

——台湾黑松汽水

6 > "并不……"

你所了解的，并不一定是真实的。

品牌一直在向我们传达诉求，它们不一样。

我们并不是你想象的那样，你可以对我们再多了解一点。

你相信吗？常理不一定是真理，真理需要我们自己去证实。

如果你相信了，那么文案就起效了。

陌生并不存在，因为我们都有同样的孤独。

——陌陌

除了怀胎十月，他做的并不比妈妈少。

——诚品书店父亲节文案

孤独感是如此普遍，以至于你并不孤独。

——美团外卖

童年很宝贵，童年的快乐并不贵。

——卷皮网儿童节文案

7 > "不……（才）……"

人们都在说的，不一定对；你深有体会的，才是对的。

这样的句式，会让我们反省我们已有的认知。

如果我们觉得，我们已有的认知似乎是一种谬误，那就对了，让我们和品牌一起重建真知吧。

久而久之，品牌就成了人们的导师。

广告也是一种教育，品牌在扮演着老师的角色。

输不丢人，怕才丢人。

——钉钉《创业很苦，坚持很酷》

心不妥协，行不受限。

——路虎

现实不可怕，接受现实才可怕。

——红星二锅头

迷失了，不慌张；偏离了，才好奇。

——新秀丽

艾滋病并不会致死，贪婪和冷漠才会。

——艾滋病防治组织

30 岁不可怕，日复一日的 30 岁才可怕。

——金立手机《战胜 30 岁焦虑》

8> “不……只……”

我不关心其他，我只关心我想关心的。

我不在乎任何人，我只在乎我梦里出现的人。

不是只有权贵在乎的才是主流，普通人在意的才是真实。

广告有意形塑一种意识流，从人类发展的角度来说，这种意识流可能是正面的，也可能是负面的。

不论如何，只要品牌的目标顾客接受了，文案的目的也就实现了。

好的文案创作者，都是好的“传教士”。

不见身家，只见家。

——山外山地产

只看风景，不问脚下。

——Jeep

不选贵的，只选对的。

——雕牌洗衣粉

只溶在口，不溶在手。

——M & M 巧克力豆

我不做梦，我只行动。

——互联网女装品牌 Artka《光复单身，为梦而行》

三围只是（在）买衣服时的尺寸罢了。

——NIKE WOMEN

世界不看你多努力，它只看实力。

——方太极火直喷燃气灶

不在乎天长地久，只在乎曾经拥有。

——铁达时手表

我们不生产水，我们只是大自然的搬运工。

——农夫山泉

对于未来，我一点儿也不担心。因为时光会把我变得更好。

我只担心一件事，就是死前没有把这个世界看完。

——OPPO Ulike2《Molly 篇》

我不是一个记者，我只是喜欢亲近身边可爱的人。

我不是一个摄影家，我只是喜欢捕捉生活中每一点感动。

我不是一个作家，我只是喜欢用文字记录灵感的冲动。

——《北京晚报》“我是一个北京人”

9> “不必……”

没有什么是必需的，我们在人间走这一遭，并不是来重复谁的路，或者走所谓的看起来应该走的路。

如果你这样想，那么就对了，因为我们写文案就是要让消费者这样想。

所有人都要求你要这样、要那样，我们的品牌不会这样，因为你承受的已经太多了，你不必承受那么多。

品牌有意在扮演我们的一个朋友，一个温暖的港湾，有时也可能是一个温室。

当我们觉得人人都在苛求我们的时候，品牌总会适时地给我们呵护。

那么，在写好一篇文案之前，我们可能要先学会怎么体贴身边的人。

有时候，是不是“以退为进”会更好。

不必拥有车，但可以使用车。
——滴滴

年轻人的动人之处，就在于他不必活成你所期待的样子。
——JONAS & VERUS 时装表“双 11”文案

不必为了荣誉，不必为了出名，也不必为了秀给男生看，不必为了引人注目，不必做得很完美，不必非得学谁的样子，不必走老套路……

——耐克《不必再等四年》

他不必再搏一枚总冠军戒指，他不必在打破30000分纪录后还拼上一切，他不必连续9场比赛都独揽40多分……

——耐克《卷土重来》（纪念2013年科比复出）

你不必把这杯酒干了，你不必放弃玩音乐，你不必改变自己，你不必背负那么多，你不必成功。

——京东《你不必成功》

10> “不得不……”

万事万物都是相对的。

好吧，如果有些是“不必”的，那么一定有一些是“不得不”的。

有时候，当我们无能为力的时候，我们就告诉自己，命运是不得不接受的。

有时候，当我们退无可退的时候，我们就告诉自己，我们必须为生命做一些抗争。

那么，就让文案给人们一些“借口”。

要不，就让文案给人们一些“力量”。

消费者都会买我们这个“人情”。

不得不承认，人生实在不公平。

——芝华士威士忌

创造，是创造者不得不发出的声音。

——《歌手》

11 > “不凡/非凡/不平凡……”

平凡与不凡。

人人皆平凡，人人皆不平凡。

总有一些时刻，每个平凡的人都梦想活出不平凡的自己。

那么，就让广告带给受众这样的虚幻的满足感吧。

只要你喜欢，文案就这么写。

不平凡的爱。

——国际铂金协会

不平凡的平凡大众。

——台湾大众银行

生活，没有平凡时刻。

——宜家

因为不同凡响，才能改变世界。

——苹果公司

没有退路的道路都是不凡之路。

——勇闯天涯 superX

只有平凡的人，没有平凡的人生，凡事不平凡。

——诺基亚 Lumia

何为荣耀？光明磊落，成就非凡！

坚持心中所想，不为世俗所动，在积极进取的成功过程中，造就每一次卓越，令同伴甚至对手心生敬意。

这就是荣耀所在，这就是骑士精神。

——芝华士威士忌《骑士精神》

12> “不管/不论/无论……”

我总有我的想法，不管世界怎么看我。

我不会轻易放弃自己，不论人们怎么诋毁我。

我总会到达我想去的地方，无论这条路有多艰难。

无论如何，人们心中都有一种坚毅的力量，支撑我们活在人世间。

文案应该看到这种坚毅，去撩拨它，让人们因此与品牌产生共鸣。

看起来最坚硬的地方，往往是最柔弱的地方。

注定要去的地方，不管多晚都有光。
——夜猫子啤酒

不管相隔多远，我们的心没有距离。
——心相印纸巾

不管大包小包，能帮我省钱的就是好包。
——台湾全联超市

不论城市如何变迁，记忆，永远不会迁移。
——万科

无论世界如何急（亟）不可待，我，就是自己的风景。

——雷克萨斯《好戏将至》

不论反对的叫喊如何喧嚣，美好的或伟大的，总会流传于世，该存在的总是存在。

——凯迪拉克

13> “不让/不能让……”

我们不希望被人误解，我们希望我们的真心能换来真心。

不能让爱你的人对你失去信心，不能让暂时的挫折阻止你前进的步伐。

用我们的文字给消费者信心和力量，让我们的文字充满信仰，恢复世界的正义。

生活中有的，广告里有。生活中没有的，广告可以去塑造。

永不让你失望。

——猎豹汽车

不让关爱我们的朋友失望。

——华航空难危机公关

不能让不合理的价格，凉了我对生活的热爱。

——国务院 App

14> “（与其）……不如……”

与其坐等风来，不如扇动翅膀，去制造一阵风。

人们总在两者之间做出判断和选择。前进还是后退？张扬还是收敛？保守还是革命？伟大还是平庸？

广告作为一种精神层面的诉求，往往能影响天平两端的平衡。

让我们的文字给人们带来一种正能量，让人们勇敢地做出积极的选择，让这个世界永远充满希望。

每个人都喜欢正能量的东西，让广告成为一种正能量。

与其向往，不如出发。

——OPPO

有钱有势，不如有范。

——有范 App

等风来，不如追风去。

——《奇遇人生》

天马行空，不如和我去仰望星空。

——宝马 MINI

与其在别处仰望，不如在这里并肩。

——腾讯微博

新飞广告做得好，不如新飞冰箱好。

——新飞冰箱

与其原地回忆惊天动地，不如出发再次经历。

——路虎

15 “不是/就不是……”

文案是在人们的观念层面提出诉求。

不过，大众的观念或许是偏颇的，那么我们是不是可以颠覆人们旧有的观念，重建一种新的观念呢？

要改变所有人的观念很难，但是如果适当放大少数人的观念，让少数人的观念影响多数人的观念，那么这样就容易多了。

而这部分“少数人”，就是我们的目标群体。他们的内心原本就有这样的观念，只不过被多数人的声音淹没了。

那就让我们的文案帮他们写出来。

月经不是运动的障碍。
——NIKE WOMEN

家人不是家电，把家务还给家电。
——苏宁易购

能被探索到的，就不是未知世界。
——勇闯天涯 superX

16> “不是……是……”“是……不是……”

我们的一生都在做判断，我们随时随地都在做判断。

文案通过做判断引导消费者指向某一种观念，而这种观念是品牌希望与之产生关系。

这种观念也许已经潜伏在目标受众心里，那我们就将它公之于众。受众不会怪我们，他们会因此喜欢我们。

优秀的文案，总能说出目标受众的心声。

优秀的文案，就是现实中的心灵捕手。

我不是在等雨停，我是在等你。

——江小白情人节文案

不是肚子饿，只是嘴巴很寂寞。

——邂逅下一站“邂逅美食”

自然不是远离文明，而是远离喧嚣。

——荷塘月色楼盘

不是我戒不了酒，是我戒不了朋友。

——红星二锅头

不是我离不开手机，是我离不开你。

——中国移动《母女篇》

不是一个人的王者，而是团队的荣耀。

——王者荣耀

伟大的反义词不是失败，而是不去拼。

——耐克《活出你的伟大》

马蹄声响，在意的是归人，不是过客。

——方太《云水有相逢》

最刺眼的不是阳光，是路人羡慕的眼光。

——新百伦《尽管去跑》

我找的是另一半自己，不是搭帮过日子而已。

——雀巢

不是将就不了这个世界，我是将就不了我自己。

——JONAS & VERUS 时装表七夕节文案

耽误你的不是运气和时机，而是你数不清的犹豫。

——江小白

有时吃一口，就泪流满面。不是因为辣椒太辣，而是因为家乡太远。

——每日优鲜

17 > "不是所有的……都……"

不是所有的爱，都会被人理解。

不是所有的恨，都会得到宣泄。

而广告则能给我们一个虚拟的现实，借助广告，我们被理解；借助广告，我们得以宣泄。

不是所有的泪，都是一种痛苦。

我们理解你，因为我们和别人不一样。

我们是文案。

不是所有的牛奶都叫特仑苏。
——特仑苏牛奶

不是所有的锋芒，都会因功成而钝化。
不是所有的意志，都会因尊崇而退化。
不是所有的刚毅，都会因奢华而软化。
不是所有的雄心，都会因财富而老化。
——凯迪拉克

18> “不一定……（也可以）……”

不要那么确定，不要那么绝对。

让心中随时充满一种新的可能性，这样我们的人生会更丰满。

思维方式是可以变的，生活方式是可以变的，人生观也是可以变的。

那么，在你已经习惯了因为某一种原因而选择的某一个品牌时，你不妨考虑一下我们这个新的品牌。

不一定你喜欢的，就是你喜欢的。

你憎恨的，也可以是你喜欢的。

在文案的笔下，什么样的逻辑都是正确的逻辑。只要你把它写出来，把它和品牌的特性形成关联，然后把它说出去，它就成了人们不自觉地去领会的似乎原本是真理的逻辑。

相信，写出下面这些文案的人就是这么想的。

没人上街，不一定没人逛街。

——天猫

最懂你的人，不一定认识你。

——豆瓣

男朋友，不一定比这个水壶更懂你。

——智能水杯（京东电器）

独处不一定酸楚，也可以和自己相处。

恋爱不一定甜到醉，也可以加点小趣味。

较劲不一定是坏事，也可以是一起变美的本事。

剩女不一定是剩下的人，也可以是剩下的时间等合适的人。

——百雀羚水光弹润系列

19> “不再/再也不……”

我们的目标受众有什么东西是憋在心里的呢？有什么是他们压抑了很久的情绪？

让我们将它说出来，从今以后，我们再也不委曲求全了，从今以后，我们再也不要重复以前的生活了。

勇敢地，为内心不屈不挠的自我而活吧。

和我们的品牌在一起，选择我们吧。

因为你看到我们的品牌，就会感受到不一样的力量。

下一次，不会再为了钱低头。

——钉钉《创业很苦，坚持很酷》

我将不再遗憾地回顾，我会始终信奉理想。

——耐克

为自己谈个好价钱，生活里再也不关心价钱。

——智联招聘

不再把性别和年龄当作一种限制。

——天猫《理想生活趋势》

20> “才（是/能）……”

重新思考什么才是你想要的。

文案就是要引导受众重新思考，只要受众一思考，广告就开始见效。正如人类一思考，上帝就发笑那样。

要让受众认为，原来他们都被蒙蔽了，原来他们都迷失了方向。

作为一名文案，品牌的不一样的方向，就是我们要大肆描绘的方向。

你关心的才是头条。

——今日头条

自己认为最好，才是最好。

——女性购物网站 PayEasy

微观才是我们可以有所作为的。

——查理·芒格

柴米油盐酱醋茶，平平淡淡才是真。

——中国俗话

把最喜欢的事情做到最好，才是胜利。

——耐克《胜利者》

脸美是先天的，妆美才是我的自我表达。

——淘宝《造物节》

感恩所有逝去的伟大，你们从人间路过，才让这世界繁花似锦。

——魅族科技感恩节文案

当喇叭声遮盖了引擎声，我们早已忘记，谦谦之道才是君子之道。

——别克君越《新君子之道》

21 > “成长……”

长大以后，我会变成什么样呢?

小时候，我所幻想的自己长大后是什么样子?

长大以前，我们都在幻想长大的样子；长大以后，我们都在怀念没长大之前的样子。

文案，就是要和受众产生情感共鸣，在人们坚硬的外壳下，触碰人们柔软的内心。

还有什么比“长大”这个词更能让人浮想联翩呢?

“长大”是一个好词，是一个能被写进文案的好词。

男孩和胡渣，都在一夜长大。

——Schick 剃须刀

一个个故乡里的孩子，在北京拼着命长大。

——红星二锅头

时间可能改变了很多事，可还是有一个你，从未长大。

——锤子科技

长大，可能很慢。实现长大的心愿，可以很快。

——阿里巴巴全球速卖通《小白熊篇》

世界上有一种专门拆散亲子关系的怪物，叫作长大。

——台湾奇美液晶电视

22> “超能（力）……”

幻想中的自己，都是具有超能力的自己。

所以在屏幕上，总有那么多拯救地球的英雄，总有那么多行侠仗义的好汉。

在生活中，也有许多为实现梦想、为家庭幸福而富有超能力的普通人。

用文字激发人们的潜在能力，或坚守，或奋进，让品牌成为人们释放超能力的道具和力量，让目标受众因此而喜欢我们。

超能女人用超能。

——超能洗衣粉

想象力是你的超能力。

——雄狮文具

成熟是一种能力，保持天真是一种超能力。

——腾讯视频

23> “除了……”

珍惜我们所拥有的那些特别的人和事物，因为除了它们，我们就一无所有了。而我们也总能给予身边的人或事物一些特别的东西，这些东西是我们身处于这个环境中的特别价值。

每个人都可以很特别，每件事都可以很特别。在每个人的内心中，自己都是特别的。那就让我们的文字唤醒他们特别的心，让他们做特别的事，成为特别的自己吧。

在我们的文案中，除了我们“除了”的，其实没什么是值得我们关注的了。广告是一种传播，文案是一种提醒。

除了汗水，什么水都不要浪费。

——耐克

我跟你除了恋爱，没什么好谈的。

——珍爱网

我们家不爱花钱，除了为爱花钱。

——台湾全联超市“经济美学”

年轻时我想变成任何人，除了我自己。

——网易云音乐用户评论

在北京，除了你自己，没有人知道你几斤几两。

——《北京女子图鉴》

除了你自己，没有人会为我们的国家牺牲奉献。

——新加坡兵役宣传

24> “从不……”

坚定地表明我们的观点和态度。

我们需要一种来自内心的力量，支撑我们一步步成为我们想要的样子。

用我们的文字替消费者喊出内心的声音，广告人应该为正义、希望和光明摇旗呐喊。

广告所创造的不只是经济价值，更是社会价值，对于那些象征着我们的身份、品位和价值观的商品/品牌来说更是如此，就让我们的文案来替消费者代言吧。

从不预测未来，我们创造未来。
——凯迪拉克 XTS

从不刻意为之，只是天生如此。
——摩拜单车《天生靠得住》

25 岁以后，我从不告诉别人我感到孤单。
——光荫茶语

从来不许你骄傲，却从不掩饰你是他的骄傲。

——长安汽车父亲节文案

从不畏惧死亡，只是不甘心草草离场。

——凯爵啤酒

25> “从来……”

每个人一直心心念念的，是什么呢？

如果我们找到了那一点，那么我们的文案就知道写什么了。

爱从来没有走远，那个人一直在你身边。那个人就是我们的品牌的象征，而创作文案的终极目标就是让消费者和品牌缠绵到永远。

在商品世界中，从我们出生到死亡，广告从来不曾离开，文案一直萦绕在你耳边。

从来不需要想起，永远也不会忘记。
——《酒干倘卖无》

你想要的公平，从来都只能自己去争。
——凯爵啤酒

正义只是不曾声张，它从来不会缺席。
——好欢螺螺蛳粉《暖心治愈：致一切误解背后的美好》

原来这世界送给每一个人的，从来都是最好的设定。
——OPPO

记忆只会断断续续地留存，但那句誓言，却从来不曾遗忘。
——国际铂金协会《不平凡的爱》

26> “从前/以前/那时/曾/古……今/如今/现在……”

每个人都知道我现在的样子，有人知道我从前的样子吗？

从前的故事总是让人难以忘却，现在的样子总是让人不禁感慨。

你难以忘却的，就成了文案用来撩拨你的机会；你不禁感慨的，文案就不断用它来刺激你。

你不心动，你不感动，品牌就没有可乘之机。

文案就在过去和未来之间，寻找一个可以将商品和你的情感搭上关联的触点。

古有千里马，今有日产车。

——日产

从前羞于告白，现在害怕告别。

——江小白

我们曾共有过去，如今却各有未来。

——江小白《写给前任》

从前只在意温饱，如今更在乎房价多少。

——凯爵啤酒

以前什么都无所畏，现在什么都无所谓。

——红星二锅头

曾经仰望的行业巨头，现在成了竞争对手。

——钉钉《创业艰苦，坚持很酷》

那些曾经无所谓的，都因为时光，变得很在乎。

——《歌手》

那时，作业总向你请教；现在，余生请多多指教。

——网易云音乐用户评论

以前，变化是生活的一部分；现在，变化成了生活本身。

——和莱头

27 > “大人……”

每个大人都曾经是小孩，每个大人心里都依然住着一个小孩。

每个大人都怀念小的时候，每个大人都在给小孩编织一个他想要的小时候。

可是大人和小孩，总是那么的不同。

大人懂的，小孩不一定懂；小孩懂的，大人不一定明白。

在大人和小孩之间，有一个不能跨越却一直试图被跨越的空间，这是一个充满了故事和魅力的空间。

于是，文案就把它们用文字写了出来，和品牌的名字摆在了一起。

有些任性，大人才懂。

——礁溪老爷酒店

大人的世界，没有“年轻”这个借口。

——滴滴

小孩闭上眼睛，看见花，看见梦，看见希望。

大人闭上眼睛，睡着了……

——几米《我的错都是大人的错》

小孩宁愿被仙人掌刺伤，也不愿听见大人对他的冷嘲热讽。

——几米《我的错都是大人的错》

如果大人都不相信童话，那么为什么又要不断地对孩子述说，他们不相信的故事呢?

——几米《我的错都是大人的错》

小孩信赖大人，大人却不一定值得信赖；大人不信赖小孩，小孩却常常值得信赖。

——几米《我的错都是大人的错》

大人自以为能分辨梦（想）与现实，小孩们却都觉得，分辨梦想与现实是全天下最无聊的事儿。

——几米《我的错都是大人的错》

28> “当/在……时”

会讲故事的人，总会先设定一个时空，将听故事的人抽离出当下的时空，清空大脑，再将他装进一段与自己无关的离奇经历。

文案作为说服消费者的一种语言，要让消费者认真听并且把我们的故事装进大脑，势必也要设置一个时空场景。

是的，在那时，在广告的世界里，工于心计的文案、黑心老板与永不满足的空虚、虚荣的消费者们，快乐地生活在一起。

（当）不被看好的时候，更要好看。

——天猫国际&全球高能精华品牌

当我们在一起时，我们都更强大了。

——匡威

当时代走得越快（时），做作品就要越慢。

——青岛啤酒《好事不怕晚》

当贫穷从门外进来（时），爱情便从窗口溜走。

——杜蕾斯

（当）没有人相信你的时候，你一定要相信自己。

——阿迪达斯《吉尔伯特·阿里纳斯篇》

在你落水的时候，会狗爬式的伙伴一无用处。

——拉希尔国家银行

（当）你玩手机的时候，很美，你看着我的时候，最美。

——魅族手机

当你确定要为梦想努力时，它就从不是生活的妄想。

——沪江网校

当城市的天空日渐变得拥挤（时），理应还人们一个安逸的生活环境。

——万科

当我回首过往的日子（时），我感受到的都是一种不安全和不稳定的气氛，就像一个小小的粉刺，就能压倒性地让我丢失生活的秩序。

——淘宝女装品牌“步履不停”（原出处是《玛丽莲·曼森语录》）

29> “……的孩子”

父母是孩子最好的老师。

我们要如何教育我们的孩子？我们应该指引孩子往哪里去？

教育家在给我们建议，政府在给我们引导，广告作为一种说服手段，也在通过分享教育观而争取消费者的共鸣。

相对于教育家和政府，广告更中立和温和。这种中立和温和的口吻更应引发家长的认同感。

那么，作为一位广告人，我为广告做一个广告吧。

“喜欢看广告的孩子是聪明的孩子。”

学琴的孩子不会变坏。

——山叶钢琴

家乡养大的孩子，会带给家乡更好的样子。

——劲酒

在遇到你之前，妈妈也还是妈妈手心里宠着的孩子。

——爱帝宫母婴中心母亲节文案

看过世界的孩子更强大。

——Jeep 自由光儿童节文案

Jeep 自由光儿童节视频文案

他不怕黑，
是因为你曾在漆黑的夜里带他看过最亮的星。

她更有主见，
是因为你带她发现过的世界比课堂大得多。

他比同龄人更爱问为什么，
是因为你早就为他打开了好奇的大门。

未来的他勇敢无畏，
抵得住风雨的侵袭，探索世界的边界。

未来的他心里住着远方，
冲出山川湖海的栅栏，领略万物生灵的神奇。

未来的他好奇心不灭，
对未知的一切保有热忱，直到寻到答案。

因为，
现在的他正随你踏上旅程，
看最美好的世界。

看过世界的孩子更强大。

30> “……的人”

这样的人，那样的人，他是那样的人，我是这样的人。

什么样的人就会有什么样的运气和回报。人间形形色色，你是什么样的人？

广告所针对的人，一定是有所指的特别的人。

通过文案，给受众塑造一种人，这个人要么特指受众自己，要么特指和受众有特殊关系的人。

广告要说服消费者，首先要将消费者带入角色之中。

哭着吃过饭的人，是能够走下去的。

——日剧《四重奏》

没有安全感的人，却要让大家有安全感。

——钉钉《创业很苦，坚持很酷》

那个教会你说话的人，在等你给她打电话。

——电讯广告

找得到生活的人，在哪个城市都能找到家的感觉。

——支付宝《十年生活账本》

31 > “……的世界”

一个人所能感知的，就是他的世界。

为了保护自己，为了生理和心理的安全感，为了自我的价值实现，每个人都在不断构建自己的世界。

广告也在塑造一个世界，一个品牌的目标受众喜欢的世界，属于他们的特别世界。在这个世界中，全部是他们的同类和他们喜欢的人，每天都在上演他们喜欢的事。

看最美好的世界。

——Jeep

没有陌生人的世界。

——佐丹奴

一个人的行走范围，就是他的世界。

——江小白

看脸的世界我从不靠脸，取件可以。

——菜鸟无人仓

32> “……的味道”

广告总在“挑逗”人们，没有新奇就不会引发好奇，没有冲动就不会引发消费。

广告本身就散发着一种新奇和欲望的味道。在商品世界中，人们活着的唯一特征就是购买和消费。

商人一旦发现人们还有某一种欲望或体验尚未得到满足，马上就会扑上去，然后用撩人的文案挑逗你。

所以，就有了妈妈的味道，外婆的味道，初恋的味道，恋人的味道……

有初恋的味道。

——日本酸奶

想知道清嘴的味道吗？

——清嘴含片

妈妈的味道，是你回家的路标。

——方太

我记得那里冰棒的味道，像父亲背的味道。

——三菱汽车

如果没有人陪伴，那么连茶的味道都会不一样。

——印度关爱老人公益广告

初恋的味道，一人一只耳机，倚在树下，两手慢慢靠近。

——网易云音乐用户评论

33> “……的意义”

广告有时候就像一位朋友，一位知己。

他会和你分享生活体验，分享人生感悟。

有时你会想，为什么他会那么体贴，那么懂你。

那是因为文案每天都在琢磨怎么让你觉得体贴，怎么让你感到温暖。

文案爱消费者，无怨无悔地爱。

文案的意义就在于此。

旅行的意义，在于沿途发生的不期而遇（的事）。

——OPPO R17《旅行的意义》

生活，未必永远明亮。生活的意义，仍可轻松点亮。

——阿里巴巴全球速卖通《深海鱼篇》

你没有如期归来，而这正是离别的意义。

——北岛

34 > “第一次……”

在所有的话语中，除了“我爱你”，应该就是“第一次”最能触动人心了。

所有的第一次都是记忆最深刻的，我们谈论得最多的都是第一次，很少有人谈论第二次。

要触动消费者，就提他的第一次吧，每个人的第一次都是最有感触的一次人生经历。人们不会厌烦你提及他的第一次，无论如何，那也是初心的表现。

同样地，如果一个品牌能成为消费者使用的某种产品的第一个品牌，那么这个品牌也是不可能被忘记的。

那么，就用我们的文案让我们的品牌成为消费者的第一个品牌吧。

造成我第一次失恋的是你。
——中兴百货父亲节文案

第一次干杯，头一回恋爱。
——力波啤酒广告歌

每一次我看到她，都像是第一次。

——电影《死侍》

我是第一次 20 岁，也是最后一次了。

——未明出处

第一次和父亲喝酒，喝的是小时候父亲在家里喝的那种酒。

——吉乃川《东京新潟物语》

35> “对……来说……”

品牌的消费群体都不一样，广告的群体指向也不一样。

文案是就某一个话题说给某些人听的，文案也是就品牌本身表达品牌的观点和态度。

对目标消费者来说，他关心的就是一切。

而对品牌来说，目标消费者就是一切。所以要在文案中锁定目标，锁定话题，锁定指向，这样传达的信息或意义才会够锐利，够有力量。

对我来说，这一刻非同寻常。

——阿迪达斯

对于战争中的孩子来说，幻想是逃避现实的唯一途径。

——War Child 公益组织

对我们来说这不只是眼力，而是一种能力。

——台湾意识形态广告公司

36> “发现……”

当一个人不再主动去发现的时候，那他的生命其实已经到尽头了。

当我们一旦让某个人有了新的发现的时候，就唤醒了他的生命力。

发现新奇，发现不同，发现你所谓发现的。

文案要做的就是，要么通过广告让消费者有所发现，要么吸引消费者来使用我们的产品而有所发现。

在发现之前，都需要放下过去固有的观念或偏见。

相信文案一定会给你带来新的发现。

而作为消费者，一旦你有新的发现，品牌就和你的发现一起进入了你的内心。

换个角度发现爱。

——大疆

发现更大的世界。

——知乎

卸下你心里的围墙，你会发现生活的原味。

——万科

下一个烟火就决定了要牵对方的手，发现已过了第五个。

——日本夏日海上花火大会

用你喜欢的方式走路，你会发现所有的空间都是你的领域。

——NIKE WOMEN

如果潜到水面之下，（你）会发现，我们正在飞越的是一座座山顶。

——《航拍中国》

37 > “反问”

没有什么更能比“反问”更能激起人们的思考了。

反问，能让人重新思考一个曾经有确定答案的问题。重新思考可能会使人更进一步确定原有的认知，可能会使人产生一个新的方向，也可能会使人否定原有的认知。

结果并不是最重要的，文案的意图只在于在你思考的那几秒内趁机进入你的思想之中。

任何时候，你想要堵住别人的嘴，开动他的大脑，你就反问他好了。一个反问不够，就来一连串的反问。

不过，在文案中，一连串的反问还不常见。

你在下一次写文案时，可以试试。

这一杯，谁不爱？

——瑞幸咖啡

未曾经历，如何懂得？

——诗玛表

没被天空评价过，算什么翅膀？

——腾讯视频《怒晴湘西》

你连世界都没观过，哪来的世界观?

——电影《后会无期》

谁的一生相伴，不是一生相互为难?

——BLOVES《写给失恋人》

吃都吃得没滋没味，怎能活得有滋有味?

——大众点评

人生各自精彩，谁说人生是一场马拉松的?

——Recruit Point（日本第一大人力集团）

偶像的光芒，何尝不是源自你手中的点点星光?

——腾讯音乐

你以后想成为什么样的人呢?
什么意思，我难道不能成为我自己吗?

——湖南卫视《花儿与少年》

大人都说（小）孩子的天空无限宽广，难道大人和小孩子的天空不一样吗?

——几米《我的错都是大人的错》

爸妈都希望我走一条更平坦的路，但谁又愿意，有一个被安排的人生呢?

——JONAS & VERUS 时装表“双 11”文案

38> “非……”

我们不告诉你，我们和别人有什么不同。

我们告诉你，我们和他们根本就不是一类人。

非此即彼，你要么选我们，要么选他们。

不过，在广告中，这样直截了当的文案还不多，可能是广告主或者文案都不够大胆吧。不过，如果你所推崇的或者倡导的是好东西，那么“非此即彼”的策略一定会大获成功。

非可乐。

——七喜

非一般的感觉。

——特步

非爱不嫁，非香不可。

——雀巢

39> “改变……”

改变蕴含着创新，年轻的消费者总在试图寻找新的刺激，他们厌倦按照老一辈的方式重复老一辈的生活。当然，老一辈总是沉浸在过去的习惯中难以接受新的东西。

如果我们的目标受众是年轻人，那么就鼓励他们做出改变，或者诱导他们选择新的观念或新的方式。这样，他们会觉得你懂他们，因为一切都靠他们去验证，让他们证明自己和老一辈的不同。

改变会带来憧憬，改变意味着新生，改变是新生代的专属名词。

移动改变生活。

——移动通信

这个世界，在残酷惩罚不改变的人。

——尚德职业学习机构

每个曾改变时代的声音，都成了时代本身。

——《歌手》

触手可及的出色蜕变，让你轻松拥有出众改变。

——惠普打印机

Change your words, change your world.（语言改变，世界改变。）

——purplefeather 网站

态度改变，孩子的人生也会跟着改变。

——某儿童教育公益广告

Make the change.（让改变发生。）

——李宁

某儿童教育公益广告视频文案

“什么都不能跟人家比，谁像你一样没有用啊？”

“没有谁能像你一样啊，不用什么都跟人家比。”

“态度改变，孩子的人生也会跟着改变。”

李宁视频文案

“我不是喜欢标新立异，我只是对一成不变不敢苟同。”

“别老拿我跟别人比较，我只在意和自己一寸一寸地较量。”

“你们为我安排的路，总是让我迷路。”

“沿着旧地图，找不到新大陆。”

“我更相信，改变就是力量。”

“让改变发生，（做）90 后李宁。”

40 > “改变世界……”

如果说，人为一件大事而来，那么每个人的心中都是有一种英雄情结的。

活在这个世界上，要么默默无闻，要么惊天动地，要么接受被世界改变，要么勇敢改变世界。

用文字激发人们心中的英雄气概，让他们与众不同。尤其是对于年轻一代，他们需要通过冲破世界的枷锁证明自我，他们也需要改变已有的规则争取自己想要的东西，他们需要正能量，需要“打鸡血”。

让文案的文字成为伴随年轻群体向前奔跑的火炬或加油声，让他们激情燃烧，勇往直前，改变世界。

用想法改变世界，只要你想。

——联想

每一个生命来到世间，都注定改变世界。

——《2001—2018，罗永浩的文案营销史》

我改变不了这个世界，改变自己容易一些。

——泰国 SPA MILK SALT（牛奶去角质浴盐）

一些人等着被世界改变，而我们已经在，改变世界。

——ofo 小黄车

只有那些疯狂到认为自己可以改变世界的人，最终改变了世界。

——苹果公司

因为不同凡响，才能改变世界。

——苹果公司“Think Different”

苹果公司“Think Different”视频文案

“这里有一些特立独行的人，他们与社会不同调，在方圆规矩中不协调，对事物有不同的看法，他们是规则的破坏者。”

“你可以引述他们的观点，或不同意他们的见解，以他们为荣，或鄙视他们。唯一无法忽视的就是忽略他们，因为他们改变了世界，使人类进步。”

“当时有人视他们为疯子，现在他们被视为天才。”

“因为不同凡响，才能改变世界。”

41 > “各/各自……”

每个人都是一个个体，我们应该先扮演自己，再扮演别人眼中的自己。

广告是意识层面的宣讲，品牌在刻意扮演一个目标受众喜欢的角色。而只有特别的不一样的表现，品牌才能赢得目标受众的关注和喜爱。

那么，在目标受众身处喧嚣的场景时，我们去宣讲内心独立的声音；在社会只有一种价值观时，我们去宣讲另一种声音。

人生，各有不同，各自精彩。

各有态度。

——网易新闻

酷公司，各不相同。

——钉钉《酷公司》

我们都一样，各自有光芒。

——湖南卫视《花儿与少年》

42> “故事……”

我的故事，你的故事，我们的故事。

人们总是喜欢听别人的故事，人们总是有自己不外宣的故事。

要打开受众的心扉，让他们流露真感情，就去挖掘他们心里的故事。

如果一个人愿意和你讲他的故事，那么他的心已经向你敞开了，他的心已经接纳你了。

品牌的终极目标，就是走进受众的心里。文案就是打开心门的钥匙，撬开心扉的铁锹。

没有故事，不成人生。

——Jeep

没有酒，说不好故事。

——红星二锅头

用爱情打败现实，用故事温暖城市。

——电影《北京爱情故事》

谁心里没有故事，只不过学会了控制。

说不出的事叫心事，留不住的人叫故事。

——江小白

有的饭，是我们关于未来的一万种设想，唯独没想到，故事的结局各自收场。

——百度外卖

43> “故乡……”

常常梦回的地方，那就是故乡。

故乡的方向就是心的方向，所谓身在他乡，心在故乡。故乡有我们温暖的一切，故乡总能让我们浮想联翩。

除了爱情和亲情，故乡之情是人们心中最浓烈的情感。通过乡情激发受众的情感，让受众透过我们的文字获得理解、支持和鼓励的力量，以获得他们的好感，走近我们的品牌。

在天铂，他乡即是故乡。

——红星地产

离开，你变成外乡的大人；归来，你变回故乡的孩子。

——微信红包春节广告

这座城市不是我的故乡，却有我的主场。

——某地产项目

故乡眼中的骄子，不该是城市的游子。

——某地产项目

过去总是张望远方，当你走在路上，却时时回望故乡。

——Infini Studio & 今日头条《2017 我的家乡头条》

44 > “过/好过/胜过……”

人们总是喜欢比较，在比较中选择更好的。

然而所谓人生不如意事十之八九，我们总是被迫接受我们不满意的事物和结果。而广告的场景是杜撰出来的，我们可以渲染积极的正能量，鼓励人们在人海中稍微努力一点点。

你可以接受现实，也可以放弃努力，但是你可以做出一点点尝试，好过什么都不做，最后留下遗憾。

文案不是要勉强受众，文案只需撩拨他们。只要文案写得好，人们就会做出文案中暗示的决定。

甜过初恋。

——橘子广告

一点改变，好过一成不变。

——京东白条

走过一些弯路，也好过原地踏步。

——江小白情人节文案

两个人的浪漫，胜过千万人的狂欢。

——世纪佳缘“双 11”文案

哪怕万劫不复，也胜过人海孤独。

——凯爵啤酒

活在云里、雾里，总好过活得云里雾里。

——快手《家乡好货》

追不到，长夜尽头的光。

也好过，只躺在青春的幻想里。

——腾讯视频《创造 101》

45> “还是……好”

比来比去，还是某某好；选来选去，还是某某好。

比较和选择是很累人也是很令人烦躁的事情，那就在广告里“假装”我们已经为受众比较和选择过了。

每个人都有他的选择标准，我们不需要每个人都相信文案的“选择”，只要我们的“选择”能给受众一丝暗示，能在他们做选择的时候起到一点点作用，也就是好文案了。

在生活中，如果我们听见谁说“还是某某好”，我们多少都会听进去一点，因为这意味着说的人已经反复验证过了，不然他不会这么说。

营养还是蒸的好。

——真功夫

越大越觉得，还是小的时候好。

——京东电器

Think small.（想想小的好处。/想想还是小的好。）

——大众甲壳虫

46 > “很……”

“很”和“非常”不一样。

好、很好、非常好，这三者表达的程度不同。很好是一个适度的褒奖，是生活中很常见的表达，也不太会让听到的人排斥。

在今天，人们会用一个名词来指代某一种象征含义，也就是用某一个词赋予的标签来统一形容某一类事物，再在这个词前面加上“很”。这种表述比较有新意，这种“褒奖”也更委婉，更能让受众接受。

很生活。

——高尔夫

很重庆，很中国。

——重庆秦妈

创业很苦，坚持很酷。

——钉钉

47 > “回家……”

家是一个再温暖不过的字眼，回家就是一句口号。

文案需要找到触动和刺痛受众的字眼，而“回家”对每个人都很管用。

关于“回家”的主题，对不同年龄、不同阶层的人来说，都能找到一个切入点。

而生活中所有的商品，都或多或少能和家找到联系，特别是房产、家居、汽车等商品，都是直接为家而设的。

夜深了，打个电话回家。

——富邦文教基金会

出来混，迟早要回家的。

——奥迪春节广告

离开了家，就开始回家。

——苏州“归去来”楼盘

看过世界的人，最想回家。

——某地产广告

留一盏灯给最后回家的人。

——宏福文教基金会

这一生，我们都走在回家的路上。

——央视春节公益广告《回家篇》

高高兴兴上班去，平平安安回家来。

——公益广告

最温馨的那盏灯，一定在你回家的路上。

——万科

女儿的出嫁不是离家，而是把更多的家人带回家。

——宜家

全省 164 个家，欢迎您随时回家。

——三菱汽车

三菱汽车视频文案

“爸爸的背是我回家纪念里最深刻的记忆。”

“每次回家的路上一定会经过的那个冷饮部，我记得那里冰棒的味道，像父亲背的味道。”

“他总是坚持要接我回家。”

“后来我在台北念书，放假回家，他也一定要来接我。”

“我第一次开车回家，快到家前，我看到爸爸还是坚持来接我。”

“我想，他是怕我忘了回家的路吧。”

“三菱汽车，全省 164 个家，欢迎您随时回家。”

48 > “会/总会/终将过去……”

锦上添花不会令人感动，而雪中送炭总能感动人心。

在目标受众需要鼓励和温暖的时候，文案应该主动传递温暖和抚慰，受众就会记住你。

冬天总会过去，春天总会到来。这样的话原本没有任何意义，但总能在人们煎熬的时候给人们带来希望。

文案应该说消费者最爱听的话，最想听的话，最需要的话。

优秀的文案总能把话说对，而拙劣的文案总是把话说错。

危机，熬过去就是转机。

——钉钉《创业很苦，坚持很酷》

时尚会过去，但风格永存。

——香奈儿

你将经历一些艰难的日子，但是所有这些终将过去。

——阿迪达斯

49> “或许……”

人是最难被说服的，更何况我们带有明显的商业的意图。

那我们就把语气放委婉一点，再委婉一点。

很多委婉的话，其实会有一种诗意的感觉，一种让人适意的感觉。

在委婉的辞藻当中，“或许”这个词，或许是最委婉的表述之一了。

或许，是风沙吹进了你的眼睛。

或许，是清风扬起了你的笑容。

或许，我们并不是在做广告，而是在为你写一首诗。

我们只要你心动。

或许，你没有一个100%完美的父亲，却有个100%爱你的父亲。
——泰国人寿

或许，青春的故事，从有钱的那一刻就结束了。
——浦发银行信用卡微电影《我们的故事从没钱开始》

50> “既然……就……”

放轻松一点儿。

每个人都有很多纠结的事，所谓“当局者迷，旁观者清”。文案可以通过恰当的语言让目标受众释然，让受众打开胸怀，畅然面对人生的起起落落和世间的悲欢离合。

文案，可以扮演好受众的人生导师，用轻描淡写的语言化解受众心里的纠结。

既然来了，就慢慢体味人生这杯茶吧。

既然有能力开始，就该将潜能发挥至极致。

——耐克 25 周年文案

既然意外不能避免，那就把它当成一场冒险。

——唯品会《美不能输》

既然你有着藏不住的坚持，就不要让它只留在心里。

——斯柯达汽车

51 > “今天……明天……”

今天和明天不同，无论今天怎么样，明天都让人充满无限想象。

然而，今天和明天却不能分开，今天是明天的开始，明天是今天的演变。没有今天，就没有明天；之所以有明天，是因为有今天。这是很简单的道理。

今天和明天，这和我们自身关系密切；今天和明天，蕴含着简单却无可辩驳的道理。所以，用这样的句式来说服消费者，很简单，很有效。

今天我写下的这些字，明天就成了我用心活着的证明。

明天你看见的这些话，是因为今天的我抑制不住地想和你分享。

谢谢你看到这里，谢谢你并没有拒绝。

今天永远比明天年轻一天，珍惜今天。

——《锋味》

今天拼到很晚，明天的坎才不会那么难。

——劲酒

今天的流行，明天的古典。

——台北爱乐古典音乐电台

如今共苦，迟早同甘。

——红星二锅头

别让今天的应酬成为明天的负担。

——解久益

今天对我爱理不理，明天让你高攀不起。

——未明出处

52> "就/就要……"

表达一种简单和直截了当的欲望或想法，不用委婉、修饰或伪装。

懂的人自然懂我，不懂的人我不想去解释。这是年轻人的自然态度。

和年轻人取得共鸣的一种很好的方式，就是不要把事情搞复杂，请直来直去。

就是这样。

你怎样?

我就喜欢。

——麦当劳

年轻就要醒着拼。

——东鹏特饮

开心就要咔滋咔滋。

——德克士

我就喜欢你看不惯我又干不掉我的样子。

——锤子科技

爱就要勇敢表白，谁知道明天和意外哪个先来。

——《悦己》杂志

53> “就算/即使/纵然/纵使……也……”

放下一切，才能面对周遭的一切。

就算遭遇所有的不公与委屈，也会笑着面对每一天。

在文案塑造的世界里，人们总是那么豁达和开朗。没有什么能打倒我们，没有什么能让我们放弃自己。

我们坚守着最初的梦想和信仰，纵然这个世界再多薄情，我们也一直活出深情的样子。

看，文案这个“苦逼”的职业，面对那么薄情的甲方，我们笔下的文字依然那么的深情。

即使扑街，也要有梦。
——智能枕头（京东电器）

就算是家人，也要继续当恋人。
——BenQ 明基投影仪

爱情纵使崎岖，还是值得干一杯。
——喜力啤酒情人节文案

就算你衣食无忧，也觉得你处处需要照顾。

——丸美眼霜《眼》

即使满身是刺，也会有人想尽办法去爱你。

——Erste Bank & Sparkasse 圣诞节文案

喜欢这种东西，捂住嘴巴，也会从眼睛里跑出来。

——网易云音乐用户评论

纵使生活教我们认清了它的真相，它依旧值得，我们去爱的（得）热泪盈眶。

——Innokids

即使跟父亲再少交谈，他的一举一动仍是我们心头对男子汉的永恒形象。

——中兴百货父亲节文案

纵然明知道会遍体鳞伤，也要舍生忘死地爱一场。

毕竟，这样才算不负时光。

——凯爵啤酒

54> “就像……”

当我们不想把道理说得太生硬的时候，我们就做个比喻吧。

比喻会让我们表达的意思更加形象，更能让受众理解，更幽默或富有趣味。毕竟，我们自己也不愿意听死板的教导。

特别是当我们描述的是一种新事物或新观念时，与其直接阐释它，还不如将它和我们生活中熟悉的事物做比喻，这样就容易被理解和接受了。

文案是文字的魔法师，文字在我们的笔下可以千变万化。只要受众能明白我们的意思，并且乐意接受我们的诉求，那有什么不能写的呢？

做人就像剃须，进退都得拿捏好分寸。

——飞利浦

生活就像一面镜子，折射出不一样的自己。

——奥迪 TT

抉择，就像一场内心世界的战争，永远不会结束。

——CITY CAFÉ《桂纶镁篇》

生活就像是一场重感冒，每个人都在等待一场治愈。

——999 感冒灵《总有人偷偷爱着你》

妈妈和我的关系就像师生。

小时候她教我走路，长大后换我教她忠孝东路怎么走。

——中兴百货母亲节文案

55 > “决定了/取决于……”

你今天的耕耘，决定了你明天的收获。

你能取得多大的成功，取决于你想付出多大的努力。

要让受众接受你所宣传的事物，那就要强调它的重要性。

而“什么决定了什么”“什么取决于什么”这样的句式，总是让人的心境一下子严肃起来，开始认真“思考人生”。

这就是文案的魔力。

心里的脚步，决定了向前的路。

——马自达 CX-4

生活是否美好，取决于拥有怎样的日常。

——红星美凯龙《更好的日常》

56 > “绝/绝非/永不/绝不/永远不……”

如此坚决，如此斩钉截铁，没有任何模棱两可或犹豫不决，以表达我们内心的某种肯定或决心。瞬间，一个果断和不容置疑的形象或观念诞生了。

人们总会对某种事物或观念坚定不移，这是他的生命的一部分，是他存在的意义。而一个品牌要深入人心，也应该有明确的诉求和主张，才能成为受众尊重和信赖的品牌。

文案，也可以用掷地有声的文字，勾勒出铮铮的铁汉和不折不扣的英雄。

绝不放弃。

——褚酒庄园

奇迹，绝非偶然。

——美赞臣

摄影绝不是自动的。

——Olympus 3Ti

Keep moving.（永不止步。）

——安踏

广告人会迟到，但是绝不会缺席。

——广告人自嘲

加班“吃土”买大牌，绝不退步买山寨。

——网易考拉

一辆永远不会给你带来麻烦的汽车。

——富兰克林

事业我一定争取，对你我从未放弃。

——爱立信

爱美的女子，绝不能放过佰草集的肌本论。

——佰草集

不论城市如何变迁，记忆，永远不会迁移。

——万科

喜欢这件事，永远不要等待一个结果，就可以一直喜欢下去。

——网易新闻《追光者》

57 >“（世界上有）两种/两样……”

我们总是喜欢将世界上的东西进行分类。

对于吃货来说，这世界上有两种东西，一种是好吃的东西，一种是不好吃的东西；对于广告主来说，这个世界上有两种人，一种是目标受众，一种是非目标受众；对于文案来说，这世界上有两种人，一种是被打动的受众，一种是没有被打动的受众；对于受众来说，这世界上有两种文案，一种是有感觉的，一种是没感觉的。对于我来说，这世界上有两种文案，一种是有情的文案，一种是绝情的文案。

如果可以，那么我希望文案能同时在广告里写进两种东西，一种是受众喜欢的，一种是我们喜欢的。那么，不管受众怎么选，那都是我们喜欢的。

世界上只有两种人，一种是行动者，另一种是观望者。

——列夫•托尔斯泰

世界上只有两种人，一种是喜欢宫崎骏的，另一种是不知道宫崎骏的。

——豆瓣用户

有两样东西我不会错过——

回家的末班车和尽情享受每一刻的机会。

——德芙

世界上的公司分两种，第一种是酷公司。

除此以外的，我们只能称为“其他公司”。

——钉钉《酷公司》

58> “旅行……”

旅行总是让人充满憧憬，让人放松，让人打开心扉。在物质越来越丰富的今天，人们开始向外探索，想要去更远和更多的地方，看到更多，体验更多。

向受众呈现一篇关于旅行的文案，永远不会令受众排斥。如果你爱一个人，那么就带他去旅行，和他一起感受不一样的风景和人情。如果你想让受众产生幻想，那么就在文案中阐述那些旅行中才能有的画面和经历。

人生，原本也是一次旅行。

旅行中，像当地人一样生活。
旅行时的妈妈，好像和厨房里的她不太一样。
——Airbnb（爱彼迎）

我想要的旅行，是经历一个人的孤独，也经历着孤独的馈赠。
——佳能《冰岛 48 小时之无尽之境》

记忆是一趟旅行，我们一同上车，却在不同的时间下车，但是，记忆永远都在。

——金士顿优盘《记忆的月台》

What is a journey?

何为旅行?

A journey is not a trip. It’s not a vacation.

旅行不是一次出行，也不只是一次假期。

It’s a process. A discovery. It’s a process of self-discovery.

旅行是一次过程，一次发现，是一个自我发现的过程。

A journey brings us face to face with ourselves.

真正的旅行让我们直面自我。

A journey shows us not only the world. But how we fit in it.

旅行，不仅让我们看到了世界，更让我们看到自己在其中的位置。

Does the person create the journey. Or does the journey create the person?

是我们创造了旅行，还是旅行造就了我们?

The journey is life itself.

生命本身就是一场旅行。

Where will life take you?

生命将引领你走向何方?

——路易威登

59> “没人/没有人……”

没有人会那样，你会那样吗?

这个问题会有两种答案，一种是没有人会那样，那我也不是懦夫，我也不会那样；另一种是没有人会那样，但是我就是不一样，我就是要那样。

不管你是哪一种，这样的语句都能激起你的强烈反应。

只要你有反应，文案就成功了。

没有人是工作狂，只是不愿意输。

——钉钉

人生逆袭靠布局，没人天生是咸鱼。

——电影《西虹市首富》

谁会愿意一个人，只是没人愿去将就一个人。

——JONAS & VERUS 时装表情人节文案

没人能拥有百达翡丽，只不过为下一代保管而已。

——百达翡丽

没有人能让你放弃梦想，你自己想想就会放弃了。

——UCC 咖啡“负能量系列”

60> "没有……"

没有什么是没有的。

人往往有一种内在的力量，不愿意接受绝对的事物，尤其是新生一代。

凡事无绝对，在年轻人自己验证之前，他不会轻易接受任何一种别人一再强调的说法。

这个世界的进步，就是在人们突破了一个又一个不可能之后，创造了一个又一个的可能。

新一代的价值，就在于不相信既定的规矩，在头破血流之后，建立新的规矩。

Impossible is nothing.（没有不可能。）

——阿迪达斯

没有一个冬天不可逾越。

——《南方周末》新年献词

没有什么比这种感觉更好。

——马汀大夫鞋

61 > “没有……就/就没有……”

要强调某个人或某种事物的重要性或严重性，那“没有……就/就没有”这样的句式最合适了。

正如“没有共产党，就没有新中国”，我想，这应该是中国现代史上最强有力的宣传口号之一了。

这样的文案总是那么简单直接，铿锵有力，激荡人心。

好吧，没有我，你就看不到这些文字。

没有买卖，就没有杀害。
——动物保护机构

没有老师，你就读不懂这句话。
——中华好风尚

如果前方没有路，那我们就走出一条路。
——克莱斯勒

没有烟火气，人生就是一段孤独的旅程。
——烧烤纪录片《人生一串》

没有稳定的住处，就没有安排生活的话语权。
——江小白

62 > “没有……只有……”

任何一种观念要进入人们的大脑，都必须通过改变某一种既有的观念才能够实现。换句话说，只有打破旧的观念，才能建立新的观念。

正如汽车进入人们的大脑，就将它描绘成不用马的马车。

文案的根本是在受众大脑里建立一种与品牌有关的新的认知，这种认知必须和受众大脑里既有的某种东西建立起联系。而“没有……只有……”这样的句式，是在颠覆前者的基础上，让后者替代前者。

当然，受众的观念可能会被颠覆，也可能不会被颠覆。

没有 CEO，只有邻居。

——万科

没有最好，只有更好。

——澳柯玛冰箱

没有酒鬼，只有胆小鬼。

——朝日啤酒

没有好看的衣服，只有好看的身材。

——某健身机构

没有到不了的地方，只有没到过的地方。

——雪佛兰

没有过不去的坎，只有过不完的坎。

——钉钉

没有开不了的锁，只有面对不了的心。

——《滚石音乐爱情故事》海报

63 > "每……都……"

强调一种特别的意义，表达一种肯定的态度。

人生的每一个点滴都那么意义非凡，因为时空永远不会逆转。

受众的点滴体验非常重要，因为受众是企业生存和发展的根本。

而作为广告主，我们也希望自己一点一滴的努力和用心都被用户所感受到。

要让对方感受到我们的用心，或许不需要多说，细微之处见真情。

为你支付，每一笔都是在乎。
——支付宝

每一声 Daddy，背后都是责任。
——多芬父亲节文案

每一刻都是不会再有的好时光。

——好时巧克力

团圆的每一刻，你都可以留住。

——iPhone X 春节广告《三分钟》

每个时代，都悄悄犒赏会学习的人。

——尚德职业教育机构

每一个如果，都通往自由的目的地。

——亚洲航空《飞要自由》

每个问题背后，都是想做得更好的心。

——百度

每一份主张，都是创造者的本能渴望。

——《歌手》

每一个女孩，都要看清这个危险的时代。

——眼镜摄像机（京东电器）

用心花出去的每一笔钱，都是变美的本钱。

——蘑菇街

每个若无其事的转身，都是你看不懂的情深。

——江小白情人节文案

每一个好看的未来，都始于不被看好的现在。

——天猫国际

每一种选择都被信仰，每一个观点都自成流向。

——网易新闻

每个遇见的人，每一片风景，都可能此生不再遇到。

——新世相《凌晨 4 点的重庆》

每一种木材都有它的宿命，每个人也都该看清自己的来去。

——红星美凯龙《爱木之心》

每一次创作，都可能被欣赏，也可能被抛弃，我为什么在意。

——《歌手》

每一个你想逃离的地方，都有一个心怀梦想的自己站在原地。

——汇添富基金

在人类活动的每一个领域，得到第一的人都必须长期生活在世人公正无私的裁判之中。

——凯迪拉克《出人头地的代价》

64 > “每个人……”

有些东西不属于某一个人，而是属于每一个人，属于全人类。

上天对每个人都是公平的，我们拥有同样的阳光和空气，我们拥有跳动的脉搏，同样会流泪的眼睛和会笑的脸庞。

面对与我们一样的每一个人，我们会有博爱、同情和共鸣，我们能以己度人，换位思考，和全人类的脉搏一起跳动。

文案在写“每个人”的时候，其实也是在写“具体的一个人”。不过，要让受众接受我们的诉求，我们换成对“每个人”说，而不是只针对“他一个人”说，受众就不太会拒绝和逆反，更能接受。

每个人都是生活的导演。

——土豆网

每个人只能陪你走一段路。

——电影《山河故人》

每个人，都是一条河流。

每条河，都有自己的方向。

——网易新闻

每个人都会遭到攻击，但每个人最终也会拥有荣誉。

——凯迪拉克

茫茫人海中，每个人都为了自己而四处奔波。

——芝华士威士忌

生活不易，每个人都有一言难尽的故事，喝酒就是为了彼此诉说。

——红星二锅头

每个人心里都有一首歌，你不仅要听得到它，还要大声地把它唱出来。

——OPPO Ulike《曲婉婷篇》

65> “每天/每一天……”

一个时代是我们无法改变和控制的，一生的命运也是我们很难改变和控制的。我们能真真切切努力和感受的，就是每一天每一秒的生活，而每一天每一秒的生活构建了我们不同的生命年代，让我们在这个时代画出我们一生中的真实轨迹。

我们相信每一天，我们被当下的事物和时刻触动。我们改变不了任何事，我们可以改变这一天，呈现不一样的一天。

用文案和受众的“每一天”互动，这种互动会很真实。

爱，每天都需要快递。
——德邦快递儿童节文案

每一天，都要来点阳光。
——统一阳光豆浆

每一年，每一天，我们都在进步。
——联想

我爱这艰难又拼尽全力的每一天。

——朴树《空帆船》（电影《大三儿》宣传曲）

每天一点色彩，触动生活无限精彩。

——安利 AMWAY 化妆品

每天的夜生活，是想想下一个难关怎么过。

——招商银行信用卡《生活，不止期待》

每天早上，叫醒我的不是梦想，是梦想中的包。

——JONAS & VERUS 时装表七夕节文案

每天都在用六位数的密码，保护着两位数的存款。

——蚂蚁金服《年纪越大，越没有人会原谅你的穷》

追不上孩子的成长速度，所以每一天更要全力以赴。

——招商银行信用卡

每一天都像一块空白的黑板，去完成那些你没做会后悔的事吧。

——纽约新闻网 JORDAN ZASLOW 街头社会实验《人生最后悔的事儿》

66> “没有……只是……”

委婉地表达一种感情，不会引起对方的反感，也能保护自己不被伤害。

在中华民族的中庸和儒家的文化主导下，我们很多时候都在通过巧妙的语言试探对方的心理，而在文案中利用这种委婉的方式也能获得受众的好感。

这种句式能营造一种浅浅淡淡的情绪，更适合女性受众，以及爱意的表达。

没有你，衣服只是衣服。

——京东女装

我没有很想你，只是看谁都像你。

——未明出处

我没有离开家，只是把家带去了远方。

——方太《我的家“在远方”》

67 > “梦/梦想……”

文案中的“梦想”，一是借梦想之名来触动受众，二是将品牌塑造为人们心中的一个梦想，或想要拥有的东西。

每天唤醒你的，不是闹钟，是你的梦想。

每次唤醒你的，不是那些耸人听闻的广告，而是广告中借以挑逗你的梦想。

梦想，总是和远方、挑战、自由、汽车、房子、尊严等名词联系在一起。用文案唤醒受众的梦想，激发他们勇敢追求更好的生活，成为更美好的自己，购买我们向他们推销的商品。

大众新梦想。

——大众汽车

不放手，直到梦想到手。

——台湾黑松沙士（碳酸饮料）

将梦想公之于众，你将义无反顾。

——尊尼获加威士忌《我的超越》

不要让你的梦想在别人的看法中死掉。

——NIKE WOMEN

时间花在哪里，梦想就在哪里绽放。

——方太洗碗机

Office 不用太大，装得下梦想就好。

——办公室租赁广告

熬过这些日夜颠倒，梦想才会按时报到。

——劲酒

做人如果没有梦想，那跟咸鱼有什么分别。

——电影《少林足球》

时间不会忘记青春的热血，梦想总会温暖寒冷的岁月。

——啪啪，手机好声音（图片语音社交应用软件）

宇宙是有魔力的，它会给想要实现梦想的人实现梦想的机会。

——OPPO Ulike《曲婉婷篇》

喝酒就是为了彼此诉说。

如今我们深夜饮酒，梦想碰到一起，都是酒杯被摔碎的声音。

——红星二锅头

68 > “梦想/理想……（现实）……”

理想很丰满，现实很骨感。

当把理想（梦想）和现实放在一起时，总是让人心生感慨。

对，受众感慨就对了，一旦受众的情绪被调动起来，他们就不再那么理性甚至无情地拒绝我们的诉求。

在理想和现实之间，我们理解受众所有的无奈与伤心；在现实的路上，我们总会为受众加油鼓劲。

追梦的人，永远是文案笔下称颂的人。

作为一名文案，我们也是写有关梦想的文字或现实的自己。

现实黑粗硬，梦想傻白甜。

——棉花糖机（京东电器）

理想再崇高，也得和现实打好关系。

——江小白

曾经是梦想家，梦没了，只剩想家。

——统一“茗茗是茶”

我是 80 后，见证梦想变成现实的一代。

——OPPO Ulike2《陈漫篇》

不是现实支撑了你的梦想，而是梦想支撑了你的现实。

——北大宣传片《星空日记》

有些梦想只能先给现实让路，这不是妥协，这是成熟。

——红星二锅头

我很平凡，没有过人的天分，没有命运的恩宠，现实总把我和理想隔开。

——李宁

爱情的“理想”与“现实”。

——韩国 2%饮料

韩国 2%饮料视频文案

（女）对爱情最大的误解，是认为它是万能的。“现实的爱”是摇摆不定的，即使只是“有没有工作”那样小小的区别。

（男）对爱情最大的误解，是认为“我们必须面对现实”。因为当时间流逝，一切“现实问题”，都将只成为微不足道的回忆。

（旁白）

爱情总是干渴的，当缺少 2%时。

相信“我永远爱你”的人是很傻的，因为从恋人相互碰到，直到心碎分离都不会超过 2 年。

我们总是准备着新的爱情和分离。

（女）仁成的爱情是“理想”的。

（男）智贤的爱情是“现实”的。

你的爱情在哪一边？

69 > “哪有……”

哪有天上掉馅儿饼的好事？

只有辛勤耕耘，才会开出美丽的花朵。

“不看人家又盖起高楼，不问苍天偏爱谁更多，用我一颗真心一双手，换来平安自在的生活。”这样的心境，能让人拥有坚定的力量。

同样地，“哪有什么岁月静好，只不过是有人在替你负重前行”。

文案里呈现的无限美好，都源于文案呕心沥血的浇灌。

哪有什么天生如此，只是我们天天坚持。

——KEEP 健身 App

哪有什么坐享其成，还不是全靠默默发力。

——晨光文具

哪有念念不忘的爱情，只有兜兜转转的黑头。

——美图美妆

哪有什么突然想起，其实是一直藏在心底。

——江小白

70> “那些……”

那些，似乎离我们很远，似乎与我们无关。

所谓“距离产生美”，文案笔下的“那些……”都会令我们产生联想，让我们回忆过去，思考未来，也会让我们换位思考，重新审视自己的认知。

“那些”也是在有意指向文案背后的品牌，品牌总与我们的“那些……”有关。不过，我们的文案不用写得太直接，让我们的广告和受众保持一定的“心理安全距离”，受众会有意无意地听、看和理解。

那些别人眼中的天真，都是我以梦为马的狂奔。

——华为麦芒 5

我们那些共同的记忆，是最好的下酒菜。

——江小白情人节文案

那些爱的心思，一定会被看见。

——天猫年货节文案

那些你用心发现的，也是别人不想错过的。

——小红书《胡歌和小红书的三天三夜》

那些全力以赴的专注，也是一种不为人知的疯狂。

——腾讯音乐

一行行输入，又逐字删除。

那些想对你说的话，输入法都记得。

——魅族手机

正是那些人类中闪耀的群星，提示我们不要忘记仰望星空。

——苏宁易购“纪念霍金”海报

我只愿蓬勃生活在此时此刻，无所谓去哪儿，无所谓见谁。

那些我将要去的地方，都是我从未谋面的故乡。那些我将要见的人，都会成为我的朋友。

以前是以前，现在是现在。我不能选择怎么生，怎么死，但我能决定怎么爱，怎么活。

这是我要的自由，我的黄金时代。

——电影《黄金时代》

71 > “男人……”

“男人”的文案，是专门写给男人看的。

当把受众归为某一类人的时候，他们会单独审视自身，评估自己是否属于这一类人。

男人的对立面是女人。男人和女人有什么不同？男人拥有的和女人拥有的有什么不同？男人的生命历程和女人有什么不一样？男人因何而为男人？

每一个男人心中，都一定有一个理想的男人形象。

用“男人”的文案，讨好男人。

男人的硅胶。

——折叠软键盘（京东电器）

男人不止一面。

——七匹狼

奋斗，成就男人。

——劲霸男装

金利来，男人的世界。

——金利来领带

72> “男人……女人……”

男人和女人，雄性和雌性。

用女人的眼光看男人，用男人的眼光看女人。

这会很有意思，男人不会排斥女人，女人不会排斥男人。

男人和女人之间，总是有无穷无尽的故事发生，总是有多种多样的话题和观点出现。用文字把这些表达出来，只要男人和女人都喜欢我们的说法，那我们的品牌就自然地推出去了。

如果能颠覆男人和女人的传统观念，那么这样的文案一定会深入人心。

男人女人都喜欢大的。

——长沙东晶国际公寓

女人发动战争，男人用玫瑰和解。

——深圳惠州光耀城“先生系列”

73> “难忘/忘不了/忘不掉……”

忘不了的，一定是戳中我们柔软内心的，一定是引发我们内心某种情绪反应的，一定是让我们记忆深刻的。

去提及人们无法忘记的，引发他们的情绪反应，让我们的品牌植入他们有关的情绪反应中，成为伴随他们的某种情感的事物，而这正好是广告传播的价值所在。

文案，总能从某个点给受众一记重击，然后又给受众一剂良药，或一副暖贴，以实现将品牌印入人们的大脑的目标。

忘不掉的母爱。

——白云山乌鸡白凤丸

一面之交，终生难忘。

——陈克明面条

余生好长，你好难忘。

——网易云音乐用户评论

有的饭做不出，有的饭忘不掉。

——百度外卖

74 > “你……你……”

要让一个人无法回避你，泼妇骂街的方式就是挥舞着双手，指着你不停地说着“你……你……”。文案不会使用不文明的词汇，只会温和地告诉你，你应该怎么样，如果你怎么样你就会怎么样，用以激起你对自我某一方面的反省。

商品要植入“你”的生活，才能纳入你的消费习惯。所以，广告要在你和商品之间找到一种关联意义，然后不停地戳你的某种痛点，使你无法回避相关需求的存在。而文案则让商品和这一需求直接关联。

不被看见，你就等于不存在。

——Stella Luna 高跟鞋广告

你知道的很多，你想知道更多。

——知乎

你的加班时常上演，你的双眼很少合眼。

——冠益乳“世界睡眠日”文案

如果每个人都理解你，你得普通成什么样。

——网易云音乐“2018 年，照见自己”

你这么年轻，你可以成为任何你想成为的人。

——网易云音乐“2018 年，照见自己”

你在朋友圈里又佛又丧，你在收藏夹里偷偷地积极向上。

——印象笔记

75> “你……世界……”

人的世界观，用以阐释或表达人与世界的关系。

人存在于这个世界的意义是什么？你赋予了世界什么？而世界又赋予了你什么？

当一个人满足自己的基本需求之后，便开始寻找活在这个世界的意义，证明自己不仅仅是一具行尸走肉，也证明此生没有白来。

在基本需求之外的相关商品，社交属性的、自尊属性的以及自我实现属性的，都与人在世界的意义有关，都可以从某一个切入点就“你和世界”的关系出发，提出诉求，让受众通过文案，看清或者重新看待自己和世界的关系。

而要建立这种关系，购买广告里提到的商品必不可少。

你的世界，从此无界。

——福特汽车

你的心声，世界的回声。

——腾讯微博

装得下，世界就是你的。

——爱华仕箱包

你的世界，大于全世界。

——招商银行

世界很美，而你正好有空。

——片刻 App

你的双脚竟能改变你的世界。

——NIKE WOMEN

世上仅此一件，今生与你结缘。

——石头记

76 > “你……我……”“我……你……”

从人与人的关系来看，这个世界只有两个人，一个“我”，一个“你”。

所有的故事，都发生在你和我之间，这在恋人的关系上最具代表性。

用文案描述“你和我”的关系与故事，寻求受众的共鸣，唤起他们心中曾经的温暖和爱意，让品牌在“你和我”的关系中扮演一个温暖和有爱的角色。

这种角色，可能是“你和我”之间精神交流的介质，也可能是“你和我”之间传情达意的道具。

“你和我”之间，我有的，我都想给你。

我（广告主）制造和提供的，我都想卖给你。

你别皱眉，我走就好。

——网易云音乐用户评论

只要你要，只要我有。

——名创优品五周年文案

你忘记的，我都记得。

——电影《37 次想你》

听说你很冷，刚好我很暖。

——麦当劳《鸡粥物语》

人生百年，你是回味，我是甜味。

——麦当劳《粥碗》

你陪着我的时候，我没羡慕过任何人。

——《视觉志》

你的酒窝没有酒，我却醉得不省人事。

——珍爱网“520”文案

你可能忘了我是谁，但我始终在你身边。

——京东手机《生活没那么可怕》

你的生活我们不懂，但你喜欢的我们都记得。

——众之金服

我知道你想去太阳的方向，但我仍愿做你背后的星光。

——新世相《凌晨 4 点的重庆》

我们之间的距离，最近的时候是“眼里有你”，最远的时候是“心里有你”。

——方太

世界再大，不过你我之间。

——微信

微信视频文案《我·微信·你》

我们起早贪黑，

我们马不停蹄。

我们为自己的现实买（埋）单，

也为别人的生活点赞。

我们渴望被关注，

却也享受孤独。

我靠近了你，

却冷落了你。

我不太懂你，

可我佩服你。

我重逢了你，

我忽略了你。

我赞赏你，
我取关你。

我信任你，
我怀疑你。

我丢失你，
我遇见你。

世界再大，
不过你我之间。

77 > “你得/需要你……”

诉求，就是说服或劝服，通过文案让消费者接受某种思想，建立某种思维，开始某种行动。

文案可以使用温婉的表达，也可以使用冷酷的表达，这种句式属于后者。

要得到什么，你就得付出什么，你想要满足什么，就需要你做出什么行动。从这个角度来说，人在世界，就是一个万物守恒的闭环，每个人不会多得，也不会被亏待，人与世界是守恒的。

人要往前走，就得先忘掉过去。

——湖南卫视《花儿与少年》

家需要你的打拼，更需要你的陪伴。

——万和“1212 陪伴日”文案

人生很多事急不得，你得等它自己熟。

——新百伦《致匠心》

生活依旧美好，只是这美好需要你不断地忘掉过去。

——光荫茶语

78> “你更/比/超乎……”

激发受众的自信与激情，调动受众内心拼搏向上的热情。

你可以更好，你比你想象中更超能，你的力量超乎你的想象。

每一个人心里都住着一个堂吉诃德，每个人都曾经幻想过堂吉诃德式的一生。因为不可能，所以幻想过可能。

无论如何，人生始终是不可限量的。在广告的世界，更是一切皆有可能。

人们不会过上广告中的那种生活，但是人们会购买广告中的商品。

看见更美的你。
——多芬自信基金会

You are more beautiful than you think.（你比你想象中更美。）
——多芬

知识使你更有魅力。
——《中国时报》

你的能量超乎你想象。

——红牛

你能比你快。

——耐克《刘翔篇》

79 > “女人……”

女人能顶半边天？不，女人能顶整个天。

在现代社会，文明进化的方向，让女人越来越成为主角。

而在购物消费的世界，女人在很多领域都成了绝对的主宰。

每一个文案，都无法忽视女人的存在。关注女人，就是关注欲望。

无论是否如此，女人的爱美，爱幻想，爱浪漫，爱尊宠，爱攀比，爱虚荣……都在文案中一一表现。再加上女人永远的“少女心”“母爱”与“心软”，更是让女人成为商家和广告紧盯的对象。

试想一下，在商品世界，没有女人的存在，将会怎么样？

新女人，新价值。

——女性购物网站 PayEasy

认真的女人最美丽。

——台新银行

竞争是女生的天性。

——NIKE WOMEN

女人是“妆”出来的。

——北京蓝调沙龙楼盘

不用香水的女人没有未来。

——香奈儿

脚小的女人恋家，那是屁话。

——OPPO Ulike2《Molly 篇》

每个女人心里都有一个春天。

——潘多拉

漂漂亮亮做女人，健健康康百消丹。

——百消丹

时装是女人的追求，时装是女人的政治。

——中兴百货

NIKE WOMEN 经典系列文案

（一）

月经不是运动的障碍

你是不是曾经用生理期当借口，不上体育课，为懒得运动找天生的理由。

月经，只是你的身体有更多可能性的证明。没有你做不到的动作，除非你不想做，请记住女生每天都有权利运动。

别忘了，在下个月的生理期，要跑得更快。

你会发现：打破纪录比打破观念容易。

（二）

竞争是女生的天性

女生就是这样：什么都喜欢比——比成绩、比男朋友、比发型，总想凭着比别人更好来肯定自己。

其实比赛的竞争性更适合你，你可以比卡拉的速度，比勾射的狠劲，在游戏规则中泼辣紧张地比个过瘾。现在，就上场比一比吧！

在女生的游戏中，比赛比比较更有趣。

（三）

女生是 1/2 的人口，不是 1/2 的弱势团体

你是不是总以为会输给男生，所以什么都不争不抢。事实是男生会哭，会逃避，会害怕，和女生一样。其实全力以赴的人最有力量。

不要让你的梦想在别人的看法中死掉，放手去做，你就有赢的机会。这正是世界最公平的地方。

输赢没有性别，各占 1/2 的概率。

80 “陪你……”

人类是群居动物，陪伴是人类表达温情和传递温暖的最佳方式之一。

商品或品牌总在塑造人格化的形象，然后向消费者“表白”，试图成为消费者的朋友、亲人或伴侣。

人们是害怕孤独的，没有真正喜欢孤独的人，人们时时刻刻都需要感受到陪伴。我们无法让某一个人随时随地陪伴着我们，但是人格化的商品或品牌可以。

“陪伴”是消费者的一大需求，也是商业的一大机会。相信，在足够智能化的时代，智能机器人将会成为人们最忠实和最能满足陪伴需求的伴侣之一。

陪你与时间作对。
——百雀羚

陪你做生活的设计师。
——花瓣网

陪你 Shopping 一辈子。
——女性购物网站 PayEasy

总有一天，漫漫长夜里有人陪你说话，晚灯不灭有人等你回家。
——网易云音乐“2018 年，照见自己”

81 > “（不）配（得上/不上）……”

我们自信，我们自卑。

我们总在争取我们觉得应该拥有的东西，我们总在我们觉得不配拥有的人或事物面前退缩。

这正好是人的特点，或者是人的弱点，也正是文案可以利用的机会。

我们鼓励人们去追求他们“配得上”的人或事物，我们也可以借打击人们不敢追求自己想要的刺激他们的自尊心，目的都是只有一个，让人们冲动。

对于人来说，冲动是魔鬼。对于商家来说，冲动是上帝。

你配得上自己的野心。
——沪江网校

别让你的品位，配不上你的房子。
——某楼盘广告

怕配不上曾经的梦想，也怕辜负了所受的苦难。
——钉钉《创业很苦，坚持很酷》

82 > “偏见……”

李奥贝纳广告公司将“改变世界”作为广告的最高标准，其次是改变人们生活方式的广告，再次是改变人们思维方式的广告，然后是其他的广告。

通过文案，改变“偏见”，使人们重新看待事物，最终开启新的世界。

每个人都有偏见，不过每个人都不会以为自己有偏见。文案警醒人们，承认偏见，理解偏见，放下偏见，世界因此会变得更好。

当每个人都改变偏见的时候，每个人都在改变世界。

放低偏见，你会有精彩发现。

——柯尼卡相机

没有了偏见，留给他们的就是无限。

——台湾 104 人力银行

从未年轻过的人，一定无法体会这个世界的偏见。

——聚美优品《光辉岁月》

仅以人的标准评判生命的贵贱，是人类最大的偏见。

——公益广告

83 > “其实/事实上……”

通过文案，告诉受众什么才是真实的。

这是一种诚恳的说服方式，因为要怎么判断，要怎么选择，都是由受众自己决定的。我们只是呈现客观的事实，而这恰好也是最令人无可辩驳的说服方式之一。

爱学习的人，总在等待那些被人忽略的事实或知识来刷新自己的认知，以打开视野，让自己看见众人所未见的东西。

文案也可以扮演给受众“洗脑”的角色，只要是客观的事实，或者足够有力的证据，人们就会被你“洗脑”。好学的人们也乐意被你“洗脑”，他们也乐意给他们身边的人“洗脑”。

其实，男人更需要关怀。
——丽珠得乐

小儿麻痹，其实是大人麻痹。
——台湾“根绝小儿麻痹服务”

都以为父母无所不能，其实有些事只有孩子能（做）。
——999 小儿感冒药

你以为的刻意回避，其实是我心底泛起的涟漪。

——江小白情人节文案

别人稍一注意你，你就敞开心扉，你觉得这是坦率，其实这是孤独。

——网易云音乐用户评论

你总说，你不了解年轻人，其实你不知道，年轻人也并不需要你了解。

——JONAS & VERUS 时装表“双 11”文案

有些人认为奢侈的反义词是贫穷。

事实上不是这样，奢侈的反义词是粗俗。

——香奈儿

84> "青春……"

青春的模样，是最美的模样。

青春就是一句口号，代表着自由、憧憬、探索、挑战、疼痛和热血。没有人不热爱青春，没有人不对青春而感慨。

对于青春的人来说，青春似乎就是永远，人生似乎永远是青春。

对于青春不再的人来说，青春就是一本还未打开就已经合上的书，只能让人在笑与泪中怀念。

用青春来"撩"受众，没有不成功的。所有人的笑与泪、哭与歌、恨与爱，最强烈的情感都会如浪潮般奔涌而来。

所以，青春怎能不令文案喜欢。

无勇闯，不青春。

——华润雪花啤酒勇闯天涯 superX 产品

有一种青春，叫作宿舍。

——电影《栀子花开》海报

学习才是你永远青春的秘密。

——《中国时报》

青春不是一段时光，而是一群人。

——江小白

爱对了，是爱情；爱错了，是青春。

——电影《左耳》

不用去担心未来，青春就是所有未来。

青春是你手里一无所有，却紧紧握着自由。

——腾讯视频《创造 101》

青春无关年华，它是你不认怂的每时每刻。

——钉钉

85> “请……”

什么都别说，“请吧”。

用“请”直接引导受众开始行动。在行动词前面加上“请”，能让强硬的诉求变得委婉，能让商业化的诉求变得客观，能让娱乐化的诉求变得严肃。

在生活中，人们对带有“请”的行动诉求一般都没有“抵抗力”。

那么，请文案用认真的眼神，看着受众的眼睛，对他们说“请”。

如果爱，请深爱。

——必胜客

请别让他们只留下名字。

——IFAW（国际爱护动物基金会）

保护嗓子，请用金嗓子喉宝。

——金嗓子喉宝

拳头能解决的问题，请别用权力。

——安踏

86> “去……”

相对“请”来说，“去”字就更直接、更具鼓动性了。

勇敢地“去”吧，或者“去做”吧。不用考虑任何事，因为这个世界本就没有给你设任何束缚，所有束缚都是人们假想的。

年轻人的心理是什么？就是容易冲动，容易被蛊惑、被刺激，不知天高地厚。他们有一颗天马行空的心，一身健康有力的体魄，还有满腔热情。

所以，针对年轻人做文案，就是“蛊惑”他们去冲去闯，去野去浪，他们才会喜欢你。也唯有如此，才能发挥他们年轻和不可限量的能量，让这个世界产生新的可能。

去野。

——The North Face

放胆去。

——淘宝“新势力周”服饰新品发布会

JUST DO IT.（尽管去做。）

——耐克

尽管去跑。

——新百伦跑鞋

腾出空，去生活。

——腾讯“电脑管家”

去征服，所有不服。

——途胜汽车

去兜风，去浪费时间，去做你想做的事情，在自己的时区里，不急不赶，不卑不亢。

——《爸爸去哪儿》

87 > “让……”

让，是表达一种奉献和利他的态度，是尽你我的微小的力量，让这个世界和我们身边的人和事物变得更美好。

文案中的“让”，是表达品牌的一种美好向往，或者表达商品美好的设计初衷，也是想唤起人们心中的奉献和利他精神，让人们成为更美好的自己，追求更美好的世界。

作为作者，我写下这些文字的目的，是想把我关于文案的经验、思考和体会与你分享，让你成为更好的文案（人员），让广告中的文案使人心生美好。

让阅读不再孤独。

——微信读书

让欲望不再失望。

——淘宝商城

让心意先到家。

——天猫“年货节”文案

让您年轻起来。

——Ratika's 饰品

让好奇心不再孤单。

——知乎

开口说爱，让爱远传。

——台湾远传电信《好好说话》

让母亲重温年轻的梦。

——伊桑化妆品

让天下没有难做的生意。

——阿里巴巴

让世界倾听我们的声音。

——央视形象广告

让文字穿越光亮与黑暗。

——Kindle Voyage

让遗憾停留，愿未来可期。

——999 感冒灵

让世界的不公平，在我面前低头。

——安踏

黑夜的沉默，让每一缕思绪，彻底释放。

——《歌手》

88> “让……成为/变成/变得/改变……”

要改变整个世界，对于普通人来说是不可能的。

但是我们可以做出一份努力，收获一份改变，让身边的细微之处，变成我们想要的样子。

以一颗阳光和温暖的心，给周围的人和事物也带来一丝阳光和温暖。让冷酷的变得不那么无情，让悲伤的变得不那么绝望，让懦弱的变得不那么自卑，让失落的变得不那么孤独。

让充满希望的文案，不断给受众带来希望。那么，世界就总有好事发生。

让汽车成为一个小家。

——雷诺

想读完很多书，让自己成为他们永远也不想读完的一本书。

——Jeep

你让黑夜变成熬夜，你让睡眠变成无眠。

——冠益乳世界睡眠日广告

我们被房价羞辱，也要让简陋的现实变得温暖。

——聚美优品

让改变发生。

——李宁

89> “让……更……”

尽管企业或品牌是为了利润而存在的，但是被人们接受的企业或品牌一定是为社会创造价值的。企业或品牌作为企业家精神的延伸，也在承担企业家的社会责任，为社会做出积极的贡献。

“让……更……”是在传达企业或品牌的一种初衷和向往，也是在倡导更多的人往这个美好的方向一起努力和改变，以产生精神共鸣。

优秀的企业和品牌，一直在让这个世界变得更加文明。

正如那些优秀的公民一样。

让男人更绅士。
——VASTO 男装

让家的感觉更好。
——方太

让友情，更有情。
——丰谷特曲

让我们做得更好。

——飞利浦

时间，让爱更了解爱。

——铁达时

90 >“人人都……”

人人都如此，我也一样。

人们都在拼搏和努力，我也不甘人后。

我们都是一样的人，我们都在经历一样的人生。

人人为我，我为人人。用文案，宣扬和倡导一个“大同”，一如共产主义描绘的那个美好世界。

当然，“人人都”那样的一个方向，或许是一个错误的方向，那应该“劝服”人们走向另一个方向，而我们的文案正是那些“劝服的语言”。

人人都是生活的导演。

——土豆网

人人都在创造世界。

——阿里巴巴冬奥会宣传片

特别的美，并非人人拥有。
让美变特别，人人都可拥有。

——阿里巴巴全球速卖通《丑小鸭篇》

人人都想做超级英雄，却没人愿意帮妈妈洗碗。

——方太洗碗机

91 >“（以）人为……”

尊重人，以人为尊。

满足人作为人类（高等动物）的尊贵需求，也满足某个人（群体）在整个人类中的尊贵需求。

通过文案，尊重人，尊重人的某一种表现，可以满足受众群体的尊贵感，同时赋予品牌某一种尊贵属性，最终让尊贵的人和尊贵的品牌相得益彰。

Design around you.（以人为尊。）

——沃尔沃

Connecting People.（科技以人为本。）

——诺基亚

92> “任何人……”

别人都是任何人中的一人，我不是任何人。

这是一种孤芳自赏与傲视众人的姿态，能唤起受众强烈的自我和个人主义意识，展示森林之王独来独往的王者风范。

这种文案可以为品牌塑造强烈的个性化特征，适合于追求个性、具有强烈的独立意识的年轻群体。换个角度来说，这是一种小众品牌迎合小众群体的文案。小众群体有意和大众区分开，在他们的意识里，“他们”和任何人都不一样。

我站在街角处，不等任何人。
——JONAS&VERUS 时装表七夕节文案

除了咀嚼，不需要向任何人开口。
——百度外卖

你陪着我的时候，我没羡慕过任何人。
——《视觉志》

93 > “如此/多么/那么……竟然/居然/都”

给受众一种意外，一种不一样的思路，一种惊喜，让他们平静的认知湖面遭受一点点冲击，以刺激他们的认知神经，让品牌给他们留下一些印象。

不思考的文案只能想出“最”“非常”“特别”“第一”这样极端敏感的词汇，其实在中文词汇中有很多能激发人们情感的词语。

这种鬼地方都收得到。

——和信电讯

孤独感如此普遍，以至于你并不孤独。

——美团外卖

舞台那么大，走到中间需要一点时间。

——钉钉&锤子科技新年寄语

生活多么的不同，你竟然只过着最熟悉的一种。

——暴风魔镜

家在远方，从未如此亲近；路在脚下，从未如此真切。

——沃尔沃春节文案

94 > “如果/要是/假如/若……就/那么……”

如果有一个前提假设，那么一切皆可成真。

所有的伦理道义，都基于一个前提假设。

所以，一个能让人接受的道理（诉求），都应该有一个前提假设，这样受众就不太会产生逆反心理，因为我们的诉求并不是绝对的。

对于文案（人员）来说，一种好的句式就是一种好的诉求方式。在文案（人员）开始写文案的时候，品牌的诉求已经是明确的了，而文案（人员）就是将品牌诉求以受众易于和乐于接受的方式（句式）表达出来。

想象一下，如果没有“如果”，那么文案（人员）的文笔会失色多少呢?

而如果给了文案（人员）一个“如果”，那么他们就开始妙笔生花了。

如果屋子很空，冰箱一定要满。

——冰箱（京东电器）

如果没有联想，世界将会怎样?

——联想

如果敢拼一拼，生活它会给你想要的。

——滴滴“橙色信封行动”

如果你知道去哪，全世界都会为你让路。

——贵人鸟

人要往前走，就一定要用“前男友”面膜。

——网易考拉

如果只为自己而穿衣打扮，多少会寂寞吧。

——淘宝服装品牌“步履不停”

心若没有栖息的地方，到哪里都是在流浪。

——三毛

如果眼泪是自己的手擦干的，那它就白流了。

——印度关爱老人公益广告

如果人们走得慢，我就走快些。

如果潮流推着所有人向前，我会停下脚步。

——Timberland

台湾信义房屋中介视频文案

如果他愿意带你来这里，表示他想多认识你。（咖啡店）

如果他约你来这里，表示他想更靠近你。（电影院）

如果他带你来这里，表示他想吻你。（公园）

如果有一天他带你来这里，那恭喜你，他想把一辈子的幸福都给你。（信义房屋中介）

信义房屋，信任带来新幸福。

国家地理频道视频文案

If you are, you breath.

If you breath, you talk.

If you talk, you ask.

If you ask, you think.

If you think, you search.

If you search, you experience.

If you experience, you learn.

If you learn, you grow.

If you grow, you wish.

If you wish, you find.

And if you find, you doubt.

If you doubt, you question.

If you question, you understand.

If you understand, you know.

And if you know, you want to know more.

And if you want to know more, you are…alive.

译文:

如果你活着，你呼吸。

如果你呼吸，你说话。

如果你说话，你询问。

如果你询问，你思考。

如果你思考，你探索。

如果你探索，你体验。

如果你体验，你学习。

如果你学习，你成长。

如果你成长，你期许。

如果你期许，你发现。

如果你发现，你质疑。

如果你质疑，你提问。

如果你提问，你理解。

如果你理解，你知道。

如果你知道，你想知道更多。

如果你想知道更多，你活着。

95> “上帝/上天……”

想一想，文案的大招莫过于把“上帝”搬出来。

在我们的生活中，上帝和上天都是不能被怀疑和抗逆的；同样，上帝和上天一旦出现在文案中，也会赋予文案一种“神力”。上帝不会有错，上帝认可的就是真理。我们所写的每一句话，都受到了上帝的指引。

上帝给我们双手，就是要我们亲手去创造。所以，我要用我的双手敲打键盘，把最具灵气的文字呈现在你眼前。

感谢上帝，感谢上天。

上帝给你肩膀是为了让别人靠的。

——印度关爱老年公益广告

人生不如意的时候，是上帝给的长假。

——淘宝女装品牌“步履不停”（原出处是日剧《悠长假期》）

上天给了你太多才华，就注定不会给你太平坦的路。

——央视

96> “少数人……”

好吧，真理总是掌握在少数人手里。这让“少数人”不再是弱势群体，而是优越群体。

通过文案，让我们的受众“享受”“少数人”的待遇。让他们在虚荣心被满足的瞬间，几乎没有防范就被你所说服。

少数人懂的，少数人拥有的，你们才懂，你们才拥有。

特供的都是稀缺的，少数人懂的，才是真知；少数人拥有的，才是尊贵与奢华。

时光总是成全少数人。

——豆瓣

多数人知道，少数人了解。

——保时捷 60 周年纪念

这世界，多数人想要，少数人敢要。

——饿了么

97 > “设问”

只要被提问，人们总会不自觉地思考答案。人们一旦想通了，有了答案，就会在大脑中留下与问题有关的信息。如果回答不上来，那么也会在大脑中留下未解的疑问，在有关的情景中，再寻求解答。

设问分为有问有答和问而不答，这两种方式在文案中都能起到很好的诉求效果，能给受众在某一个“问题”上留下深刻印象，而这一“问题”，正是品牌的诉求点。

好吧，现在你正在看的这本书，它有价值吗?

每一位文案都要读这本书吗?

她可爱吗?

——宝马 MINI

明天将发生什么?

——联想

让我脸红的，究竟是你，还是酒呢?

——RIO 鸡尾酒

未来是什么样？交给未来的自己回答。

——新百伦《致未来的我》

每个企业都要给董事长买一辆劳斯莱斯吗？

——劳斯莱斯（奥格威之作）

未来有多美？我不知道。美会更有未来，我确定。

——天猫国际&全球高能精华品牌

后来的我们，有多少跑赢了时光，有多少弄丢了对方？

——电影《后来的我们》

一个人的魅力来自哪里，眼睛，鼻子，嘴巴，还是脑袋里的东西？

——渣打银行

固执的（地）坚持很傻吗？

未必。我听说傻人有傻福。

——钉钉《创业很苦，坚持很酷》

你曾问过自己，有价值的人生是什么吗？

——泰国人寿保险《Doy 妈妈》

泰国人寿保险《Doy 妈妈》视频文案

“你曾问过自己，有价值的人生是什么吗？”

她对孩子们说，有价值的人生，不是拥有金钱、声誉或长寿的人生。

真正有价值的人生，是使我们成为有价值的人，并使别人的人生具有价值。

泰国人寿，见证每个生命的价值。

98 > “生命/人生是一场……”

在文案中谈人生哲学，文案（人员）开始扮演哲学家了。

人生经历的点点滴滴，在时间的沉淀和发酵后，最终都凝结成我们的一套人生哲学。

而一种商品，其实承担我们生活的某种功能，或者扮演我们人生中的某一种角色，陪伴我们经历人生的种种。

生命中，我们总是选择和我们人生观一致的人同行。品牌也希望借表达一种人生观，引发受众的共鸣，从而获得受众的认可，让受众选择“品牌”与他们“同行”。

生命就是一场旅行，品牌正在被我们选择，也正在被我们抛弃。

生命本身就是一场旅行。
——路易威登

人生就是大闹一场，悄然离去。
——金庸

没了烟火气，人生就是一段孤独的旅程。

——《人生一串》

生命是一场又一场精彩的飞行，赢家不会辜负每一次启程。

——耐克《胜利者》

如果说人生的离合是一场戏，那么百年的缘分更是早有安排。

——百年润发

99> “十年……”

十年有多长？

每一个十年的过去，都只是弹指一挥间。

不过，每一个十年，已经足以成为历史上的一个年代。每一个十年，都会沉淀为某一种情怀，都会留下深刻的长长的故事，让我们感慨与缅怀。

用“十年”来引发受众的感怀，让他们思绪万千，让他们将我们的品牌和他们的“十年”联系在一起，让我们的品牌成为他们感慨“十年”的道具。

三毫米的旅程，一颗好葡萄要走十年。

——长城葡萄酒

写一行字很快，自成一家风格需要十年。

——钉钉《创业很苦，坚持很酷》

十年前你的梦很美，十年后你是最美的梦。

——特仑苏《十年敢想》

十年，三亿人的账单算得清，美好的改变算不清。

——支付宝《账单日记》

十年前，我离父亲很远；十年后，我终于理解了父亲。

——天猫《裙梦十年》

友情就像丰谷酒，滴滴在心头。纵使十年不见，一刻回味久远。

——丰谷特曲

十年前你说生如夏花般绚烂，十年后你说平凡才是唯一的答案。

——网易云音乐乐评朴树《生如夏花》

100 > “什么样的……什么样的……”

什么样的人，就会写出什么样的文案。

什么样的人，就会读什么样的书。

龙生龙凤生凤，天经地义，无可辩驳。

这是一种不辩解的风格，只是呈现客观的事实和逻辑道理，形塑了一种朴实的感觉。

所以，是什么样的人，写了这样的一本书呢？

什么样的水源，孕育什么样的生命。
——农夫山泉

有什么样的愿望，就有什么样的人生。
——淘宝女装品牌“步履不停”

101 > “（这个）时代……”

每个人都同处一个时代，时代的滚滚洪流裹挟和推动着我们，我们不得不关心时代的变化和方向。

这是一个什么样的时代？这个时代需要什么样的人？这个时代即将给我们带来什么？我们想要看清时代，我们也想要在时代中实现自我的价值。

“时代”这一宏观的命题，总能触动我们的神经。在文案中谈“时代观”，启发受众，引发他们的共鸣。将品牌植入时代之中，使其成为这个时代的象征。

每个风云时代，都有显赫里程碑。

——奥迪

衣服是这个时代最后的美好环境。

——中兴百货

看到时代左右的人，也在左右这个时代。

——别克林荫大道

雄性的退化是这个时代的悲哀，好在有凯迪拉克。

——凯迪拉克

你可以轻视我们的年轻，我们会证明这是谁的时代。

——聚美优品

这个时代，

每个人都在大声说话，每个人都在争分夺秒，每个人都在宣告自我。

你知道吗?

我们用最快的速度站上高度，但是，也在瞬间失去态度。

当喇叭声遮盖了引擎声，我们早已忘记，谦谦之道才是君子之道。

你问我这个时代需要什么?

在别人喧嚣的时候安静，在众人安静的时候发声。

不喧哗，自有声。

别克君越，新君子之道。

——别克君越文案

102> “世界……我……”

世界与我，我与世界，构建了我们的世界观。

不管是有意还是无意，广告都在扮演着教育的功能，广告是一种意识传播工具和方式。人们在阅读文案的时候，也在有意无意地获取信息和知识，并形成新的认知和态度。

通过文案从某一个角度表达一种世界观，让受众进一步认识或者重新认识这个世界以及世界和“我”的关系，引发受众的思考，激发他们的情感，获得某种共鸣，以塑造一个有思想、有高度、有态度的品牌，获得受众的认可和尊重。

全世界都忙，我不慌不忙。

——格兰利威威士忌

我想怎样活在这个世界上，和世界无关。

——JONAS & VERUS 时装表

努力活在四处碰壁的世界，直到在次元壁碰到自己。

——网易新闻

103> “世界再大/路再长……”

身处这个世界，每个人都是渺小的。

那么，我们在这个世界上的价值是什么？我们能影响世界的是什么？

中国有“人定胜天”“愚公移山”等成语。是人控制世界，还是世界控制人？在人与世界的博弈中，我们在被世界改造，也在改造这个世界。

世界的大与小，人生路途的长与短，都有着矛盾与辩证的关系。通过文案，激发人们心中的豪情，以自我为中心，将世界放在小小的眼睛里，将没有边际的路放在两只脚下。

以文案，让人们重新看待世界，激发人们心中无尽的能量。而在文案中的品牌，就成了人们心中热情和正能量的象征。

世界再大，不过你我之间。

——微信《我·微信·你》

世界再大，大不过一盘番茄炒蛋。

——招商银行信用卡

你走得越远，就越知道，世界再大，总有牵挂。

——*爱登堡男装*

路再长，也长不过我三十五码半的脚步。

——OPPO Ulike 2

104 > “试试/看看/数数/考虑……”

在商品过度丰富的今天，每一种商品要进入人们的生活，都是在打破人们原有的消费方式或生活方式。是选择还是不选择，是接受还是不接受，对消费者来说，都有一定的成本风险。

以什么样的方式降低受众的风险呢？在产品层面，我们会设计试用装，提供免费体验，提供消费和口碑数据，提供专家或亲友证明，以减少受众的担心和顾虑。

在文案中，我们就以非常委婉的方式，建议人们以某种方式尝试去接受我们的品牌，或者接受某一种观念。无论受众有多抗拒，在人的天性中总是有好奇的心理的。只要我们的文案在他们心中埋下引诱的“种子”，人们早晚会有行动。

你也试试看。

——花王洗发乳

我们可以试试看。

——泰国 AIS 电话卡

看看这个世界水有多深。

——水下无人机（京东电器）

买包解决不了的问题，背包试试。

——奔驰

你不妨数数身边驶过了多少辆“福特”。

——福特

试别人不敢试的噩梦，造别人不敢造的美梦。

——钉钉《创业很苦，坚持很酷》

你买汽车不来考虑一下我们克莱斯勒的汽车，那你就吃亏了。

——克莱斯勒

105> “是（一）种……”

文案是对商品或品牌的某种特点进行阐述，也可能是在表达某种观念和生活方式。直接和强硬地灌输会让人产生逆反心理，所以文案需要寻找一个合适的角度和巧妙的方式，间接地将我们的诉求渗透进人们的思想。

那么，爱就不再是爱，而是一种包容；努力就不再是努力，而是一种情怀；安全就不再是安全，而是一种责任。

如此一来，品牌的诉求就变得与其他的品牌不一样了，不光表达了一种观念，也让受众对品牌产生不一样的认知。

单身是种人权，没义务向谁交代。

——7-11 便利店

爱是一种能力，需要用一辈子练习。

——I Do《我们练爱吧》

一味标榜内涵而忽视门面，也是种肤浅。

——《悦己》杂志

梦想是一种财富，储存着永不褪色的信仰。

——招商银行 30 周年《梦想篇》

聆听不代表沉默。有时，安静也是一种力量。

——铂金首饰

安全感是一种向内行走的力量，你越努力，它越强大。

——金立手机《战胜 30 岁焦虑》

106 >“是/不是为了……”

告诉人们背后的原因和真相，这是一种坦诚的态度和表现。

人们喜欢坦诚的人，人们想要弄清事实和真相，然后做出主观的判断。

在广告中，品牌也可以以拟人化的方式，向受众传达品牌的理念和意图，坦诚告诉受众隐藏在商品背后的价值观和努力。

这是一种坦诚和平等的沟通。我写这些文字的目的不是为了谋生或者讨好读者，我只是为了把我认为好的东西与有关的从业人员分享。

我不是为了输赢，我就是认真。

——锤子手机发布会

白天是为了谋生，而黑夜只是为了爱。

——鲁米《如果你整夜不眠》

我把所有人都喝趴下，就是为了和你说句悄悄话。

——江小白

我这么努力，不是为了嫁出去，而是为了不必嫁出去。
——京东金融

上帝创造了女人，是为了让她骄傲，而不是让她当一个配角。
——阿里巴巴《她时代，上帝的剧本》

107 > “是……是……”

这是一种类比、排比或递进的句式，可以从不同角度阐释和强调诉求，增进受众的理解，加强受众的记忆。

条件反射需要借助重复刺激才能有效建立。广告若想被受众记住，也需要不断重复，但重复本身是令受众反感的。如果文案能利用某种句式实现意义的重复，而不是言语的重复，那么也能提高广告的效力，为广告主节省广告费用。

产品是布料，文案是刺绣，品牌是衣服。

想要是加法，需要是减法。
——红星二锅头

流走的是岁月，沉淀的是经典。
——奔驰

垃圾进去是渣，前任进去是“人渣”。
——厨余粉碎机（京东电器）

长得漂亮是本钱，把钱花得漂亮是本事。

——台湾全联超市“经济美学”

送别，是思念的开始。思念，是一食三餐的牵挂。

——方太中秋节文案

108 “时间数值”

数字是精确的，所以人们对数字特别敏感，也特别认真。

同样地，人们也喜欢比较，而比较大多需要以数字作为标准。

时间不会说谎，时间本身就在传递某种信息。在人生的近 20 年里，我花了 10000 个小时以上，对文案进行创作和研究，然后我用近 1000 个小时，写了这本书。这意味着什么呢?

充电 5 分钟，通话 2 小时。
——OPPO

5 分钟忘掉自己，20 分钟忘掉世界。
——德国温泉城巴登巴登（马克·吐温的评价）

一辈子时间很长，成长却只需要几个瞬间。
——平安信用卡《这一刻》

劝你早睡的广告，是在凌晨3点钟剪（辑）完的。

——罗西尼手表《成人世界》

上一秒，你是父亲的儿子；

这一秒，你是儿子的父亲。

——西铁城手表

109> “是最好的/最好的是……”

广告法规里面是禁用“最高级”这个词汇的。

不过，如果我们使用“最高级”不是去夸大我们的产品，而是强调我们的某种观点，那么是没有问题的。

最好的诉求不是针对品牌的优点，而应该是针对我们关于商品的某种主张。受众接受了这种主张，自然也就接受了我们的品牌。

比如说，“最好的爱，给最疼你的人”，那什么是最好的爱呢？广告指向的和受众所联想到的一定是广告里的商品。

简单就是最好的。

——Playboy 手表

给予是最好的沟通。

——泰国 True Move 电话卡

时间，就是最好的合约。

——铁达时《100 年之约》

让孩子去爱，是给孩子最好的爱。

——华为 Mate 10 Pro

我能想到最好的道别就是明天见。

——《亲爱的客栈》

最好的复仇就是取得巨大的成功。

——Frank Sinatra（美国流行音乐人物）

生活最好的事，是自己没被生活改变。

——滴滴

我没有背景，我就是我自己最好的背景。

——《悦己》杂志

人生是一场不停辗转的旅程，家是最好的依靠。

——万科

最好的默契是懂你的言外之意，也懂你的欲言又止。

——江小白

要让再大的挑战也变得简单，最好的办法就是把自己变得更强。

——阿迪达斯《马晓旭篇》

110> “双关（谐音/近音/双关）”

如果能用一个词表达两个意义，或者用一句话传达两种意图，那么这就是非常好的表述形式。

通常，要人们纯粹去记住一个单一的概念是很难的。人们习惯进行关联性的记忆，就是将一个不熟悉的事物和一个熟悉的事物进行关联，这样就比较容易进入记忆系统。那么，将一个品牌的诉求和人们熟悉的事物进行关联，就容易进入人们的大脑。

双关有两种，一种是谐音双关，另一种是语义双关。谐音可以是同音，也可以是近音。

百服宁，保护您。

——百服宁

用过都说灰（非）常好。

——扫地机器人（京东电器）

喝杯雀巢，相约鹊桥。

——雀巢

40 度高烧，待在车里，出了一身汗，然后去提案。

——钉钉《创业很苦，坚持很酷》

111 > “双关（谐音/同音/双关）”

对于文案来说，双关语是一个意外的惊喜，是文案在冥思苦想之中的意外发现，有“山重水复疑无路，柳暗花明又一村”的感觉。

好的双关，能很好地传达品牌的诉求，而且充满了趣味性和想象力，是很讨巧的文案。

尤其对于汉字来说，同音字非常多，只要够用心，你总能找到一个可以巧妙传达品牌诉求的同音的双关字词。

无屑可击。

——清扬

淘不出手心。

——淘宝

贵人，多旺事。

——西南海楼盘

纸有春风最温柔。

——春风面纸

吻住，我们能赢！

——王者荣耀口红

保胃你的正肠生活。

——统一 AB 优酪乳

不如意事，十有八酒。

——红星二锅头

年年得福，年年德芙。

——德芙春节文案《年年得福》

千里“音”缘一线牵。

——中国电信

汽车工业新一代的标致。

——标致

给电脑一颗奔腾的“芯”。

——英特尔

陪聊，陪酒，陪笑，赔本。

——钉钉《创业很苦，坚持很酷》

趁早下“斑”，不要“痘”留。

——祛痘化妆品

112> “双关（语义双关）”

一个词有两种意思，一句文案有双重含义。

不同的词在不同的场景中有不同的意思，在品牌名称、品牌诉求和日常用语这三者之间，总会有一些词语能同时传达两种以上的意思。

在下面这些双关文案中，险可以指危险，也可以指保险；白白嫩嫩可以指椰汁，也可以指肌肤；足下可以指一种称谓，也可以指鞋子；风云可以是风云汽车，也可以指风云际会……

双关的句子，总能传达两种以上的意思，让受众在品牌、商品特性、生活情境、产品功能等之间找到一种关联，对广告中的品牌产生特别的印象。

好险！

——某保险公司

白白嫩嫩。

——椰树牌椰汁

为足下争光。

——上海鞋油

动静皆风云。

——奇瑞风云

一嗑就开心。

——傻子瓜子

专做头等大事。

——理发店

南极人不怕冷。

——南极人内衣

给我小心点儿。

——统一小心点拉面丸

上上下下的享受。

——三菱电梯

我因复制而伟大。

——艾美加复印机

听什么都要过脑子。

——耳机（京东电器）

爱，在相同的高度。

——麦当劳关注儿童公益宣传《蹲下来》

美的空调，美的享受。

——美的

不怕黑化，随时洗白。

——超声波洗衣器（京东电器）

爱是正大无私的奉献。

——正大集团

喝口茶，解人生烦腻。

——天喔茶庄

要想成功，从头开始。

——理发店

你的健康是天大的事情。

——天大药业

蒙桑图，专做表面文章。

——蒙桑图镀层公司

看够了生活的脸色，用口红回敬一点颜色。

——美图美妆

最初的那些动力，不用加油，却陪你走了最久。

——Jeep

113> “说不清/谁知道……”

让受众自己对事物进行判断。

人们往往在“说不清”和“谁知道”之间犹豫，如此一来，品牌的诉求就有机会被受众理解和记住。

广告在吸引人们目光的同时，也要通过文案抢夺人们思考的空间和时长，让品牌在他们的大脑中保鲜久一点，印刻深一点。

思念和油烟，也说不清哪个更浓。
——方太

爱就要勇敢表白，谁知道明天和意外哪个先来。
——《悦己》杂志

114> “虽……但/却/可……”

转折的句式，让受众在一瞬间从一个视角转到另一个视角，能让昏昏欲睡和百无聊赖的受众瞬间兴奋起来，使品牌诉求在受众转动大脑的瞬间被植入。

转折前的是一种铺垫和衬托，转折后的才是重点和意图。转折前的认知和转折后的认知或许是没有关联的，但是当两种认知和某个品牌联系在一起之后，它们就成为了事物的两个对立面。而使两者对立的原因，正好是品牌的诉求。

也正是因为有这样的对立，品牌才彰显了它的价值。

你知道他，但你不知道他。

——滴滴车票《U know or not》

劲酒虽好，可不要贪杯哦。

——劲酒

牡丹虽好，还要爱人喜欢。

——牡丹电视机

它如期而至，但你阔步前行。

——高洁丝

我不认识你，但是我谢谢你。

——中华血液基金会

不喜欢谈钱，但也想赚多一点。

——蚂蚁金服

不求天长地久，但求曾经拥有。

——铁达时

喜欢就会放肆，但爱就是克制。

——电影《后会无期》

我们推杯换盏，却没有推心置腹。

——百度外卖

也许你们说的（得）都对，但我不是你们。

——JONAS & VERUS 时装表“双 11”文案

生活从未变轻松，但我们会逐渐强大。

——网易云音乐“2018 年，照见自己”

后来，我们什么都有了，却没有了我们。

——刘若英《后来的我们》

男朋友也许会离开你，但是你的鞋不会。

——网易考拉

性别生来被定义，但我的人生，不可以。

——唯路时

去过很多地方，却不曾遇到一样的我们。

——JONAS & VERUS 时装表七夕节文案

朋友圈赞过无数风景，却没去过一次远方。

——中仁财富分期贷

人生有很多事需要妥协，但爱情绝不在其中。

——雀巢

可以很快喜欢上一个人，但是恋爱要慢慢谈。

——青岛啤酒

送几朵花给你最爱的人，但不要忘了你的妻子。

——某花店

话说四海之内皆兄弟，然而四公里之内却不联系。

——江小白

这个城市有很多不确定，但现在最确定的就是你。

——招商银行信用卡《生活，不止期待》

没有物质的生活很可怕，但只有物质的生活更可怕。

——超能洗衣液

你知道他老了，但你不知道，他一年会去几次医院。

——滴滴《你知道的和你不知道的》

1000块买不到一副好眼镜，却能买到比尔·盖茨的眼光。

——诚品书店（1000块指的是台币）

对所有大牌下的每个系列化妆品都如数家珍，但你绝不会透露自己，用的只是赠品小样。

——蚂蚁金服《年纪越大，越没有人会原谅你的穷》

我忘了是多久学会走路的。

但我记得，从跨出第一步开始，我就只走在自己相信的路上。

——Timberland

115> “……岁”

目标受众是多少岁，就在文案里描述多少岁的生活，以激起受众的共鸣。

岁月或让我们感慨，或让我们唏嘘，或让我们反省，或让我们奋起。

如果 20 岁是文案的青涩年华，25 岁是文案的黄金年华，那么 30 岁应该是文案的钻石年华，35 岁的文案就已经“成精”了。

这是我作为一名年近 40 岁的文案的感受。

现在，你多少岁？

今年 20，明年 18。

——白丽美容香皂

28 岁，头发白了一半。

——钉钉《创业很苦，坚持很酷》

14 平方米的出租屋，装得下 20 岁出头的野心与梦想。

——58 同城

20 岁想做改变世界的人，30 岁做了被世界改变的人。

——昆明“朝九晚五”楼盘

5 岁时的梦想是（成为）音乐家，18 岁时家里放了一把蒙尘的吉他。

——KOOV

116 > “所谓……就是/都是/不是……”

对我们熟悉的事物或者观念重新做解释，以表达品牌的主张和态度。

每个品牌都需要塑造一种不同于其他品牌的主张和态度，才能吸引一批认同该主张和态度的受众，使他们成为第一批消费者（粉丝）。

所谓文案，不是一篇文章，或者一句话，而是与受众的一种心灵互动。受众通过文案更进一步或者重新认识自己，认识事物，认识世界。

所谓擅长，就是日复一日。

——《中国守艺人》

所谓身不由己，都是因为己不随心。

所谓孤独就是，有人无话可说，有话无人可说。

——江小白

所谓独具慧眼，不只是指看到什么，更是指观察世界的敏锐角度。

——台湾意识形态广告公司

所谓的光辉岁月，并不是后来闪耀的日子，而是无人问津时，你对梦想的偏执。

——聚美优品《光辉岁月——我为自己代言》

聚美优品《光辉岁月——我为自己代言》视频文案

我们被世俗拆散，也要为爱情勇往直前；我们被房价羞辱，也要让简陋的现实变得温暖；我们被权威漠视，也要为自己的天分保持骄傲；我们被平庸折磨，也要开始说走就走的冒险。

所谓的光辉岁月，并不是后来闪耀的日子，而是无人问津时，你对梦想的偏执。你是否有勇气，对自己忠诚到底。

我是陈欧，我为自己代言。

117 >“所有/凡/但凡/多少/任何……都……”

以一种坚定的、不容置疑的语气，向受众传达某种观念，让对广告淡漠的和神魂游离的受众受到触动，引发思想的强烈激荡。

这种文案除了具有掷地有声的力道,还能给品牌塑造一种自信和独立的个性,也能获得追求个性与独立的群体的认同。

身处这个世界，很多都是我们无法回避的，我们必须勇敢地面对一切。

所有命运赋予我们的，都是用来考验我们的。

凡事无绝对。

——乔丹

多少崎岖，一一走过。

——飞利浦电熨斗

今日所有，全非侥幸。

——新加坡征兵宣传

世间所有的相遇，都是久别重逢。

——电影《一代宗师》

所有的精打细算，都是在为爱打算。

——支付宝《我的抠门妈妈》

所有的光芒，都需要时间才能被看到。

——锤子手机

世间所有的内向，都是聊错了对象。

——陌陌

所有的才华，都是码在指尖上的时间。

——《中国守艺人》

和任何一种生活，摩擦久了都会起球。

——淘宝服装品牌“步履不停”

所有的终点，都是即将开始的新起点。

——雪花啤酒勇闯天涯 superX

但凡不能说透的东西，都需要靠酒来释怀。

——江小白

你不曾见过的美丽，都在那些无人问津的岁月里。

——JONAS&VERUS 时装表七夕节文案

在这个行业里，所有一尘不染的理想，都是趴在土里实现的。

——环时互动

所有事到最后都会是好事，如果还不是，那它就还没到最后。

——约翰·列侬

所有强大的女人，都不会去听“他们说”，她们只听“我说”。认着心底的声音，用温柔的力量书写执着。

——阿里巴巴《她时代，上帝的剧本》

118 > “所有人……我……”

一个人最大的孤独感，来自众人皆醉我独醒。

一个人最大的悲哀，来自所有的欢乐都不能分享。

人生路上，我们总会面临其他人和自己无法取得共识的情况，无法走在一条路上，但是我们仍然坚持做自己，这在现实生活中显得有些悲壮。

优秀的文案都是正能量的，文案总能发现受众的这种“悲壮”，然后安慰他们，鼓励他们。

只要你是品牌的目标受众，品牌就总会在你身边，扮演一个最懂你的角色。

如果潮流推着所有人向前，我会停下脚步。

——Timberland

所有人都叫我回家。离开北京也许是个选择，但不是我的选择。

——红星二锅头

119> “（人生）天生……”

作为动物界的高级动物，人作为人类是倍感优越的。

作为人类中的一个个体，每个人也都有自命不凡的时候。

品牌想从众多同类品牌中脱颖而出，也应该塑造一种独一无二、不同凡响的形象，以迎合每一个都自认为独一无二、不同凡响的受众。

天生就不同，所以我们天生就该做不同的事，无畏无惧，勇敢前行，将每一次行动都化为不凡的创举。

天生骄傲。

——锤子手机

生而无畏。

——雪花啤酒勇闯天涯 superX

人生不是天生。

——更美 App

喜欢天生丽质的你。

——丹姿

彪悍的人生无须解释。

——罗永浩

人出生而不同，悉心照顾不变。

——泰国人寿

我们天生怕冷，但我们天生就会拥抱。

——爱慕内衣

每个人都是上帝的手稿，天生骄傲，各有不凡。

——马自达

我是歌手，我为创造音乐而生。

——《歌手》

120> “往往……”

有时候，人们不得不接受现实。

往往最想要的，都是得不到的；往往最憎恶的，却是无法回避的。

接受现实，也没什么不好，向世界妥协，和自己和解，在自己能发光发热的地方实现自己的价值。

好的文案，就是和受众做促膝沟通，分享彼此的感受，在无情中表达有情，在寒冷中传递温暖。

满腔热忱的人，往往遍体鳞伤。
——凯爵啤酒

最喜欢的衣服，往往标着最讨厌的价格。
——中兴百货

在一个面包丰盛的时代，最饥饿的，往往是精神。
——万科

看似难以逾越的阻碍，往往都是成功路上的垫脚石。
——雪花啤酒勇闯天涯 superX

121 > “为……而……”

每一个优秀品牌的诞生，都带着创造者的使命和理想而来，都是为更好的人类生活而来。相应地，作为一个优秀的人，我们都赋予了自身某种使命，为实现某个理想而生。

人的理想和使命感，其实并不是天生的，而是受后天的熏陶慢慢培养的。优秀的品牌也在熏陶着我们，促使我们成为更好的“人”。

其实，品牌，就是为我们而来，激发着我们，也陪伴着我们，使我们实现梦想，完成使命。

未来，为我而来。

——雪佛兰

我来，为胜利而战。

——匹克

为想象而来，又超越想象。

——小米新品发布会

122 “为了……我/你……”

每个人都会为了一些原因，去做某一些事情，这是一种成熟和负责任的表现。但是这样的表现只有自己内心明白其中的缘由，也不适于向外人道。

而广告是与受众进行沟通的。文案可以把受众憋在心里的话语表达出来，让受众觉得文案深深地懂得他，我们的品牌也就顺其自然地成了他抒发内心情感的工具，其实我们也是在借助“品牌之口”向周围的人吐露心声。

在生活中，酒类产品其实就是这样的工具，扮演着人们借以吐露心声的道具。

为了找到对的你，我选择剩下自己。

——电影《剩者为王》

为了实现梦想，有时候，你得先放弃梦想。

——红星二锅头

为了想做的事，去做不想做的事。

——钉钉

你不愿意种花，

你说：

“我不愿意看见它一点点凋零。”

是的，

为了避免结束，

你避免了一切开始。

——顾城《避免》

123> “为什么……”

人们在被问到“为什么”时，总会思考现象背后的原因。

对于文案来说，其实原因是不言自明的，一定与品牌有某种关联，或者是品牌的诉求点，或者是品牌的特质和优点。

一则好的文案应该有两个特点：一是能激发受众的情绪，或者能使受众开动大脑；二是能不露痕迹地引导受众自己发现或领会品牌的主张。

从这个角度来说，“为什么”是一种完美句式。

为什么佰草集对爱美的女子，这么女子。

——佰草集化妆品

为什么，我们要保留我们最珍贵的，最引以为傲的。

——新百伦《致匠心》

为什么上班时间看其他东西，因为给的薪水不够让人专心。

——UCC 咖啡“负能量”系列

人为什么活着？

——大众银行《梦骑士篇》

124 > “唯一/唯有/不可取代……”

文案的主要功能是表现品牌的卖点，凸显这一卖点的重要性。而“唯一”“唯有”和“不可取代”这样的表述就比较合适。

同时，这样的表述还有让受众思想聚焦的作用。因为每个人都对唯一的和不可取代的事物很感兴趣。

而对于文案来说，不管怎么写，都只有一个目的，就是向受众隐晦地表达：“唯一通向美好生活的路，就是走向品牌的路。”

无可取代。

——香奈儿 5 号香水

唯有美食与爱不可辜负。

——下厨房 App

万事皆可达，唯有情无价。

——万事达卡

唯一的不同，是处处都不同。

——iPhone 6s

唯有时间，让爱，更了解爱。

——铁达时

我们添加的唯一的东西就是盐。

——S & W 罐头食品

125 > “无限/无尽/皆有可能……”

激发受众的激情，让受众兴奋起来，对万事万物充满幻想。

人想要改变世界、成为更好的自己，都需要发挥潜能和非凡的创造力，品牌应该扮演这一刺激的角色。品牌也可以成为受众最具正能量的“朋友”，激发他们一路向前。

特别是针对年轻群体，他们需要正能量的刺激，世界需要因他们而变得不同。

一切皆有可能。
——李宁

我能，无限可能。
——匹克

肌肤与你，无尽可能。肌肤与你，越变越美。
——玉兰油

开始，才会冒出无限可能。
当完成的时候，就会发现，自己也有了改变。
——《歌手》

126 > “喜欢你……”

在生活中，我们会回避谈情说爱，心中的情爱也很难与外人道。在广告中，我们则不用回避，反而应该积极替受众表达他们深藏于内心的情与爱。

人们在最喜欢的人的面前都是最笨拙的，所以人们需要借助媒介或第三方来转达情意。

品牌，可以成为受众表达情意的媒介和道具，也可以成为受众情意的一个寄托，以免受众的情意无处安放。

文案，应该是最能发现受众需要，并最能讨好受众的人。

喜欢你，放过你，忘记你。

——JONAS & VERUS 时装表七夕节文案

从喜欢你，到不止喜欢而已。

——Orchid Ring（兰・戒）

我要露出一点马脚，好让你发现我喜欢你。

——网易云音乐“2018 年，照见自己”

真是莫名啊，在这杯酒之前，好像也没那么喜欢你。

——RIO 微醺

喜欢你是件麻烦的事情，可是我偏偏喜欢，找麻烦。

——伊利畅轻酸奶《我们相爱吧》

127 > “现在/未来……未来/现在……”

对现在越不满，对未来越期待。

未来是现在的自己的一种向往，一种寄托，也是受众潜藏于心的一种情绪。

通过文案，将受众的情绪宣泄出来，或者给受众一种安慰，让受众感受到温暖和力量。

人们总是喜欢和喜欢自己的人在一起，人们总是喜欢和懂自己的人在一起。文案就应该代表品牌向受众表白，告诉受众我们懂他们，喜欢他们。

现在的 nobody，未来的 somebody。
——台湾第一银行增资卡

每一个好看的未来，都始于不被看好的现在。
——天猫国际

关于未来，每个人都没有答案。
关于现在，每个人也都假装没有问题。
——红星二锅头

对我而言，过去平淡无奇；而未来，却是绚烂缤纷。

——轩尼诗

让未来，现在就来。

——苏宁电器校园招聘

对未来最大的慷慨，是把一切献给现在。

——阿尔贝·加缪

128> “献给/留给……”

人往往不一定都是纯粹地为自己而活，而是为爱自己或者自己爱的人而活。我们在自己喜欢和爱的人面前努力做得更好，以取悦自己喜欢和爱的人。

爱人、家人、恋人，他们都是我们所爱和珍惜的人，我们想要把最好的给他们。文案可以替人们表达心声，品牌的产品或服务可以作为人们表达情感的媒介。

文案、品牌和与品牌相关的一切和受众都不是对立的，而是互为依赖的。

献给母亲的爱。

——威力洗衣机

留一盏灯，给晚归的人。

——飞利浦真柔灯泡

宝贵的时间，要留给宝贝的人。

——天猫百货

过年不过是一场团聚，把时间留给最珍贵的人。

——江小白春节文案

129> “相信……”

很多时候，我们所做的事，其实源于内心的信念，或者来自身边的人的信任、鼓励和支持。

相信自己，就会被认可，就会有信心，就会坚持下去。相信本质上是一种陪伴，一种随时随地会激发我们行动的潜在能量。相信也是相互的，会相互感染。相信自己，相信他人，相信世界，相信品牌，相信世界会被我们一同改变。

人们需要“相信”，那么品牌就传播“相信”。

相信自己。
——金莱克

相信品牌的力量。
——CCTV

相信自己，我能。
——中国移动全球通

邦迪坚信，没有愈合不了的伤口。

——邦迪创可贴

相信小的伟大。

——阿里巴巴冬奥会宣传片

阿里巴巴冬奥会宣传片完整文案

99%的人认为自己渺小，

97%的企业是小企业，

92%的国家是小国家，

95%的运动员不被看见。

小可以被计算，

但不可以被小看。

对小我们有不同的看法。

我们相信，

一个小角色有无法撼动的能量，

一个小举动感动亿万用户，

一个小进步能打破纪录，

一个小改变足以颠覆未来，

一个小角落也能影响世界，

一个小国家可以感动全人类。

由小到大，

人人都在创造世界。

阿里巴巴相信小的力量，

与奥林匹克成为全球合作伙伴，

以公平的平台给予每个人机会，

一起加入这个全人类的盛事中，

让每个小都能影响世界。

看见小的力量，

相信小的伟大。

130> “想……”

当文案把受众内心的东西“曝光”之后，会怎样？

不管受众是意外、开心、生气还是其他，都一定是一种强烈的情绪反应。只要有情绪，广告的第一步就实现了。

文案应该深入受众的内心，真正感知他们所想，揣摩他们所爱。这样，才能替他们表达，或者撩拨他们的心弦。

因为，只有真正懂一个人，才可能打动一个人。

想艳遇吗?

——南京新城市广场

想知道清嘴的味道吗?

——清嘴含片

想留你在身边，更想你拥有全世界。

——招商银行信用卡

想拥有从未有过的东西，必须走从未走过的路。

——淘宝女装品牌“步履不停”

想让你明白我的心意，又害怕你看穿我的心思。

——江小白情人节文案

131 > “小孩……大人/成年人……”

小孩做小孩的事，大人做大人的事。

到底是小孩的思考和行为方式是对的，还是大人的是对的呢？

到底我们像个“小孩”一样，还是像个“成年人”一样？

本质上，小孩是天真烂漫和无所顾忌的，而成年人是争名夺利的。

文案通过对小孩和成年人的思考方式和行为方式的对比，让我们从成年人的模式中跳脱出来，重新认识自己、事物和世界。

或许小孩的模式才是对的。品牌也是在利用成年人的痛点，引起他们对孩提时代的怀念，使他们产生情感触动和共鸣。

而品牌，则扮演一个天真烂漫和无所顾忌的形象，成为受众的幼年情怀的寄托。

小孩才写日记，大人只发朋友圈。

——锤子科技

小孩子才分对错，成年人只看利弊。

——电影《后会无期》

所有的大人都曾经是小孩。

虽然，只有少数的人记得。

——《小王子》

他们知道无知在小孩子身上才可爱。

而我，是一个大人。

——奥美广告《我害怕阅读的人》

“爸爸，为什么小孩子不应该喝酒？”

“因为，小孩子不喝酒也很开心啊！”

——某酒吧海报

小孩子受到委屈才大喊大叫。

成年人只会习以为常，微笑着说“没事”。

——电影《狗十三》

132> “小时候……长大/现在……”

小时候想着快快长大，摆脱大人的束缚；长大了，自由了，原来的东西却都找不回来了。小时候，我们的生活是家、父母、家乡和最初的味道；长大了，家、父母、家乡和最初的味道，就都变成了记忆中的模样。

小时候我们的父母是高大和强大的，长大后我们的父母都是弱小和需要照顾的。岁月无情，改变了我们人生中的一切。

小时候和长大后的变化，总是让人感慨。品牌乐于扮演连接人们小时候和成年后的桥梁，让我们在长大后的生活中还能体会小时候的感觉。

通过优秀的文案塑造的品牌，一定是人们需要的有价值、有意义、有情感属性的品牌。

小时候总想往外跑，长大了却只想回家。

——由你音乐榜

小时候想去故事中的地方，长大后我却成了你的远方。

——网易乐评

小时候总担心我长不高，现在换我担心她被岁月折弯了腰。

——Keep 母亲节文案

小时候总骗爸妈自己没钱了。现在总骗爸妈，没事，我还有钱。

——蚂蚁金服《年纪越大，越没有人会原谅你的穷》

小时候总想认识全世界，对所有东西都充满好奇。

越长大越想屏蔽全世界，消除纷涌而来的信息。

——李彬《人间日常》

小时候很想走出她的阴影。

母亲，如今只微弱成电话里断续的叮咛，多想把她的身影永远留住。

——中兴百货母亲节文案

133 > “幸亏/幸好/多亏/庆幸……”

以生活化的言语，带着一点小情绪，趣味性地诉说品牌的好，或者替受众向他心仪的对象表白，以实现和受众的互动。

这是“小确幸”在文案中的表现，也是文案（人员）真正换位思考，成为受众的一员，和受众一起体验人生中的“小确幸”。

多亏有这么多文案（人员）写出这么多的好文案，才有了我这么多的领悟可以和你分享。

庆幸有这么多喜欢文案的文案（人员），才有了这本书的出现。

多亏有它在家里搅和。

——搅拌料理机（京东电器）

幸亏你出现，够我欢喜好多年。

——湖南卫视《亲爱的客栈》

庆幸曾经遇见你，遗憾只是遇见你。

——江小白

134 > "选择……"

人的一生都在不断地选择，每一次选择都带着犹豫、忐忑和不安。于是人们每逢选择，总是需要听见鼓励的声音，需要有来自外界的力量，推动他们勇敢做出选择。

另外，由于受众属性的不同，产品可以通过品牌化，针对不同的受众提出诉求，以争取某一特定的受众群，成为他们的必选之一。

那么，文案的工作就是找出品牌的特性，寻找适合的受众，通过文案说他们喜欢听的话，诱导他们选择我们的品牌。

新一代的选择。

——百事可乐

我选择，我喜欢。

——安踏

我选择没人敢走的路。

——Timberland

非常可乐，非常选择。

——非常可乐

痛楚难以避免，磨难却可以选择。

——日本札幌啤酒（村上春树撰写）

离开北京也许是个选择，但不是我的选择。

——红星二锅头

勇敢选择，去你想去的地方。

——Jim Beam 威士忌

你有你的规则，我有我的选择。

——聚美优品

135 >“（不）要/应/该/应该/适合……”

有些事情是应该做的，有些事情是不应该做的；有些行为是合适的，有些行为是不合适的。

在这类文案中，品牌俨然是一位道貌岸然的教导者，以一个高高在上的哲学家甚至“神”一样的角色，向大众进行训导。

这样的文案塑造的品牌是强势的、个性的和优越的。这样的文案也能令那些意识强势、个性突出和自信优越的受众产生共鸣。

男人应该有自己的声音。

——阿尔卡特

好东西要与好朋友分享。

——麦斯威尔咖啡

男人就应该对自己狠一点。

——柒牌男装

你的眼睛很美，不适合流泪。

——网易云音乐“2018 年，照见自己”

母亲节，你应该陪在妈妈身边。

——爱帝官母亲节文案

生命就该浪费在美好的事物上。

——统昂·曼仕德咖啡

没有一定高度，不适合如此低调。

——万科·兰乔圣菲

人是自由的，起码心灵应该是自由的。

——淘宝女装品牌“步履不停”

每个女孩都应该做到两点：有品位且光芒四射。

——香奈儿

你不会把睡觉带到重要场合，那也不该，把白天的事带到床上。

——慕思《今晚睡好一点》

爱讨价还价的女生应该去看《资本论》，喜欢谈恋爱的女生至少去读一读《相对论》，小女生要研究一下《进化论》，爱美的女子绝不能放过佰草集的《肌本论》。

——佰草集

长得如此可爱，不该看到衣服的标价就皱眉头。

气质如此高贵，不该看到别人穿“ALESSANDRO KELL’ACOUA”就心情不佳。

身材如此完美，不该站在衣橱前面发呆。

说话如此优雅，不该跟剪娃娃头的店员讨价还价。

中兴百货一年一度秋季折扣，（你）可以很礼貌地既不理会标价也不嫉妒别人。

——中兴百货促销文案《美学礼仪课程》

136 > “要……先……”

要想优越，先得努力。要得到任何东西，先要付出相应的努力，这是非常简单的道理。

文案总能在向受众阐释某种道理或逻辑的时候，将品牌植入其中，因为该品牌正是符合这种道理和逻辑的选择，讲道理的受众当然选择有道理的品牌。

想要多任性，先得有多理性。

——天猫超级品类日

要捡起心中的梦，先放下手中的碗。

——方太水槽洗碗机《妈妈的时间机器》

137 > “要么/或者……”

非此即彼，要么做狗熊，要么做英雄。

每个人都有天生不凡的意气，也幻想在乏味平淡的生活中，有朝一日挥斥方遒，释放真我。

那么，在广告中描绘一种英雄的豪气，让受众绝不在这世间做一个没有追求的无名之辈。这可以唤起受众的激情，让受众追随品牌的脚步，和品牌的创造者们一起推动这个世界。

要么成长，要么倒闭。

——[美]菲尔·奈特（耐克创始人）

All in or nothing.（成皇或败寇。）

——阿迪达斯

或者在梦里去，或者和牧马人真的去。

——Jeep《活彻底》

了解世界的两种方式：翻墙，或者 MINI。

——MINI 汽车

The best or nothing.（要么最好，要么不做，要做就做最好。）

——梅赛德斯-奔驰

138 > “也能/也可以……”

换一种方式，换一种思维，换一种活法。

我们可以以另一种面貌面对自己和这个世界，我们不必以相同的唯一形式走完这一生。

向受众传达另一种可能，让受众感受到新的精神世界的存在。这样，品牌将成为他们的精神伴侣，陪伴他们度过自己的独一无二的人生。

不用 PS，也能变 S。

——World Gym 世界健身俱乐部

掀波澜，也能挽狂澜。

——雷克萨斯

再混蛋的人也可以局部信任。

——电影《后会无期》

梦里能到达的地方，终有一天脚步也能到达。

——网易云音乐“2018 年，照见自己”

胜利可以是第一个越过终点，也可以是带着更多人跑过终点。

——耐克《胜利者》

139> “一切……”

如果文案(人员)对这个世界有深刻的观察和洞见，那么他写出来的文案一定是具有哲理并能赢得受众尊重的。

当我们在语言中使用“一切”时，我们是在表达一种肯定和绝对的观念，我们毫不理会任何不一致的和反对的声音。

而对于品牌的文案来说，这种表述可以传达品牌的自信和价值，让受众以一种严肃和庄重的态度看待品牌。

一切皆有可能。

——李宁

一切皆有规则。

——CCTV《经济与法》

在一切之下，却高于一切。

——多佛轮胎

一切问题，自有时间作答。

——魅族发布会“倒计时”

一切白的东西和你相遇，都成了黑墨水黯淡无光。

一切鸟兽因为不能说出你的名字而万分绝望。

——话剧《恋爱的犀牛》

140> “一生/一辈子……”

孩子不会想“一生”这种事情，因为他们还不能领会什么是一生。

而成年人在经历世间种种之后，当我们不经意地说我们“老了”的时候，“一生”这件事情就总能激发我们的情感。

和 20 岁的人谈生存，和 30 岁的人谈生活，和 40 岁的人谈生命，而生存、生活和生命都是我们的一生。

在文案里谈“一生”总能让受众起反应，因为我们总是看着别人的一生而反观自己的一生，听着别人谈人生而反省自己的人生。

一生，活出不止一生。

——人头马

我用尽了全力，过着平凡的一生。

——《月亮与六便士》

和我在一起，一辈子也不会饿了。

——美食台公众号

人生没有白走的路，每一步都算数。

——新百伦 & 李宗盛

你只来了一下子，却改变了我一辈子。

——江小白情人节文案

听妈妈的话，妈妈却也不能帮你过一生。

——JONAS & VERUS 时装表

从小听了很多大道理，可依旧过不好这一生。

——电影《后会无期》

除了这一生，我们又没有别的时间，能有多远，就走多远。

——湖南卫视《花儿与少年》

就算，时间把它冲淡；就算，距离把它隔远。
当味道勾起记忆，家是我们一辈子的馋。

——CCTV 春晚《家香・家乡》

141 > “因为……所以……”

要说服或劝服对方，最直接的就是讲道理，讲逻辑。

文案不是没有指向和毫无根据的一段文字，它要么主观地传达品牌的观念，要么替受众说出他们想说的话，最终就是让受众借品牌发声，品牌因此和受众互为依赖。

“因为……所以……”，是生活中最常见的讲道理的句式之一，没有强势的口吻，没有委婉的修饰，也没有投机取巧，而是直截了当地呈现与品牌有关的因果关系，让受众自己做判断。

不知足，所以无不足。
——宝马 X5

因为顾家，所以爱家。
——顾家家居

因为看见，所以存在。
——微信启动页

因为专注，所以专业。
——中兴手机

我们是第二，所以我们更努力。

——艾维斯汽车租赁

我还在这里，所以，你一定也还在这里。

——国际铂金协会

因为在你穿上高跟鞋的时候，就收起了双脚。

所以，走路成了一件陌生的事。

——NIKE WOMEN

因为我已经认识了你一生；

因为一辆红色的 RUDGE 自行车曾经使我成为街上最幸福的男孩；

因为你允许我在草坪上玩蟋蟀；

因为你的支票本在我的支持下总是很忙碌；

因为我们的房子里总是充满书和笑声；

因为你付出无数个星期六的早晨来看一个小男孩玩橄榄球；

因为你坐在桌前工作而我躺在床上睡觉的无数个夜晚；

因为你从不谈论鸟类和蜜蜂来使我难堪；

因为我知道你的皮夹中有一张褪了色的关于我获得的奖学金的剪报；

因为你总是让我把鞋跟擦得和鞋尖一样亮；

因为你已经 38 次记住了我的生日，甚至比 38 次更多；

因为我们见面时你依然拥抱我；

因为你依然为妈妈买花；

因为你有比实际年龄更多的白发，而我知道是谁帮助它们生长出来（的）；

因为你是一位了不起的爷爷；

因为你让我的妻子感到她是这个家庭的一员；

因为我上一次请你吃饭时你还是想去麦当劳；

因为在我需要时，你总会在我的身边；

因为你允许我犯自己的错误，而从没有一次说“让我告诉你怎么做”；

因为你依然假装只在阅读时才需要眼镜；

因为我没有像我应该的那样经常说谢谢你；

因为今天是父亲节；

因为假如你不值得送 CHIVAS REGAL 这样的礼物；

还有谁值得。

——CHIVAS REGAL（芝华士）威士忌父亲节文案

142 > “英雄……”

英雄总是像“神”一样的存在，在每个孩子的心中，都有自己崇拜的英雄。在孩子的心中，深藏着成为英雄的梦。在故事、童话和传说中，在电视、电影的剧作中，英雄人物的故事总是令人津津乐道。

只要是孩提时代就有的想法，就永远不会消失，只是在无奈的世界被深藏于心底。通过文案，唤起人们潜藏于心的孩提时代就有的英雄情结，使人们在这世界中还有惩恶扬善、伸张正义的精神，将品牌塑造为受众英雄梦的寄托。

褚酒论英雄。

——褚酒庄园

一个需要英雄的时代。

——电影《西游记之大圣归来》

与狼共舞，尽显英雄本色。

——七匹狼

世界上只有一种真正的英雄主义，就是认清了生活的真相，还仍然热爱它。

——[法]罗曼·罗兰

143> “永/永远……”

传达一种永不改变的坚定信念，既表明品牌的主张，也替受众表达他们内心的某种情怀或态度。

在世间，人们喜欢用“永远”来发表誓言和表明心意，这似乎只与自己有关，而与对方无关。“永远”能让对方感受到信心，或坚定自己的判断，或做出新的决定。所以，这其实也是一种说服对方的方式。

在文案中的“永远”，其实也是一种誓言，表达品牌坚定的信念或不变的初衷，让受众相信和接受品牌。

中华永在我心中。
——中华牙膏

Live young.（永葆童真。）
——依云

永远向爸爸的肩膀看齐。
——中华汽车

钻石恒久远，一颗永流传。

——戴比尔斯钻石

Keep walking.（永远向前。）

——Johnnie Walker 威士忌

永远有更多的人期望得到它。

——凯迪拉克

永远相信，美好的事情即将发生。

——小米

144 > “用……”

要收获就要付出，有行动就有回报。用自己拥有的，换自己想要的。

我们的时间、精力、智慧和情感，都是我们的筹码，用来帮助我们赢得自己想要的一切。

广告是在诱导受众做出相应的行动，或者使他们形成某种认知和态度，品牌则扮演构建认知、态度的媒介。

用品牌表达自我，用品牌陪伴自我，用品牌实现自我。

用爱打败不景气。

——女性购物网站 PayEasy

用实力让情怀落地。

——Jeep

用减法，过出好生活。

——黑松沙士“清爽 der”碳酸饮料

用快乐美容，绝无副作用。

——《悦己》杂志

记忆迷了路，用爱找回来。

——台湾失智症协会

用智慧看见那些看不见的事。

——泰国“CPall&7-11 反网络暴力”公益广告

用最贵的眼霜，熬最久的夜。

——网易考拉

用更多金融可能，支持更多美丽人生。

——美利金融

用创意消灭千篇一律，用跨界消灭循规蹈矩。

——一万种可劲造 X David

用自己拼来的一个可能，回敬所有人说的不能。

——江小白

145> “尤其……”

广告需要对我们的诉求进行强调和突出，在生活中我们也刻意对我们想让对方重点关注的内容进行强调和重复。

如果说广告重复投放的频次是在对整体的广告信息进行简单的重复，那么在文案中的遣词造句就是一种增强说服力的技巧，这种技巧不需要广告主花费太多，而需要文案（人员）的经验与积累。

所以，广告主理应提高广告代理费用，尤其要提高文案（人员）的薪酬。优秀的文案（人员）的笔尖是极具穿透力的，一句文案足以抵过千百次重复却不能实现的说服效果。

岁月不饶人，尤其饶不了女人。

——昆明“朝九晚五”楼盘

到中兴百货办年货，尤其令人高兴。

——中兴百货

拿下 10 分并不容易，尤其是当我作（做）自己裁判的时候。

——FATAL SURF（南美运动品牌）

我喜欢当猎人，因为猎人很美，尤其是当进攻的念头与手下不留情的举动合而为一的瞬间……

——NIKE WOMEN

146> “有……（也/还/更/才）有……”

通过文案阐述一种关系，在这种关系中建立品牌和生活中的事物之间的关系，使品牌真正融入人们的生活。

在很多广告中，品牌都因为没有找到合适的切入点，没有找到品牌与受众日常的关联，导致品牌成为一个孤立的对象。只有在我们看到广告的时候，才能想到该品牌，这其实是广告无效的表现。

我们在生活中无法想起某些品牌，是因为它们只是一家企业的名称或者某一商品的商标而已，它们和我们的日常生活、情感没有建立任何联系，而这正是文案大有作为的地方。

有家有爱有欧派。

——欧派橱柜

有兄弟，才有阵营。

——红星二锅头

有您有俊发。

——俊发地产20周年文案

有距离，更亲密。

——宝马情人节文案

有刺，更有魅力。

——台新银行玫瑰卡

心有多野，未来就有多远。

——千里马

湿润的何止是目光，还有心情。

——左岸咖啡馆

生活有未知的残酷，也有未知的温度。

——人人贷8周年微电影《Jay与杰》

既有朝九晚五的踏实，也有浪迹天涯的随性。

——江小白

147 > “有……就（有）……”

有爱，就有家。有梦，就有未来。

这种句式可以凸显前者的重要性，而前者所指向的其实就是品牌的差异点或独特理念。

每一种事物都不是终点，每一个终点都是一个起点。在广告世界中，品牌就是所有起点中的第一个起点，也是所有终点中的最后一个终点。品牌使我们的物质生活丰富和精彩，也使我们的精神生活更丰富。

有团，就有聚。

——王者荣耀

有空间，就有可能。

——别克 GL8

心有多大，舞台就有多大。

——CCTV2

生活有多难，酒就有多呛。

——红星二锅头

有人驱逐我，就有人欢迎我。

——豆瓣用户

有多少杯空，就有多少心空。

——江小白情人节文案

不惧路途遥远，有家就有方向。

——奔驰春节文案

什么地方有“生活”，什么地方就有希望。

——《生活》杂志

148 >“有点（儿）……”

人的感觉是很奇妙的，而所谓的人的第六感更是神奇。

有时候，感觉可能源于一种暗示，而非真实的客观事物，这也可以说是轻微的幻觉。

广告是一种诱导消费者的手段，用不触犯广告法和不违背常理的暗示性语言，让他们产生某种幻觉。一旦这种幻觉和感觉混淆在一起，就会一同演变成消费者真实的感知和判断。

农夫山泉有点甜。

——农夫山泉

有点黏又不会太黏。

——中兴米

149> “有时候……”

为了让对方感觉自然一点，不那么绝对，我们常常会在观点前面加上“有时候”，以让语气变得温和一点。另外，事物本身也不可能是完全绝对的，所以，为了让尽可能多的受众接受，我们把判断的权利交给受众。

通常，受众对广告本身是排斥和拒绝的，所以，文案必须“说”得好听，让受众愿意听，然后才有机会将品牌诉求巧妙地进行传达。

另外，在生活中，在人们不如意的时候，为了让对方坦然接受现实，走出消极状态，我们也会向对方阐释人生的“有时候”，这种方法很有效。同样地，文案也可以使用这种方法，让受众接受“现实”的不易，继续积极向前。

有时候，坏事也会变成好事。

——阿迪达斯《里奥·梅西篇》

有时候，孤独和关节炎一样疼。

——印度关爱老人公益广告

有时候和我待在家里，比出门更浪漫。

——女性购物网站 PayEasy

有时候知道得太多，反而会活得很难过。

——江小白

人与人的亲密关系，有时不如一件打底衫。

——淘宝服装品牌“步履不停”

有时候，“回家吧”比“我爱你”更像情话。

——贝壳找房 App

有时候，日子过得像浮萍。有时候，生活又必须逆风而行。

——纪录片《航拍中国》

有时候，你想证明给一万个人看，到后来，你发现只得到了一个明白的人，那就够了。

——电影《后会无期》

150> “与众不同/不同寻常……”

年轻的时候，我们坚信自己与众不同，一定能书写不寻常的人生；年长了之后，我们慢慢接受平凡，安心地过着普通人的普通生活。

所以，和年轻人沟通，就要顺应他们的特点，鼓励他们走与众不同的路，做独一无二的自己。

这其实是年轻人的情怀，年轻人愿意为这样的情怀买单，愿意成为具有情怀的品牌的拥护者。

不走寻常路。

——美特斯邦威

世界因我不同。

——MOTO

有心，世事皆不同

——竹叶青

自然，自然与众不同。

——万科

你未必出类拔萃，但肯定与众不同。

——台湾 104 人力银行

我希望与众不同，只要行动起来。

——耐克

想要无可取代，就必须时刻与众不同。

——香奈儿

你能唱出那么美的声音，就表示上帝对你与众不同。

——台湾大众银行

151 > “愈……愈……”

打开视野，撑大格局，走到更远的地方，看见更美的风景。

文案可以以大胸怀、大气度与受众沟通，鼓励受众放下斤斤计较、满足私利的小我，勇敢放飞自我，飞越更高更远的山峰。

这样的文案，能让品牌成为受众的一位智慧、高雅和卓越的朋友。

文案愈超然，品牌愈优越。

愈欣赏，愈懂欣赏。

——轩尼诗

境界愈大，自视愈小。

——宝马

愈曲折，愈见大风景。

——大众迈腾

广告就是这么一回事：结果愈甜蜜，过程就愈需要冒险。

——智威汤逊

152> "原来/本来……"

让受众感受自然的力量，回到最初的地方，以初心看待当下的事物。

深深埋在土壤里的，往往具有最强的生长能量。与其向外比较，修饰自我以寻求认同，不如恢复本真，回到初心，按自己的规律生长。

如此，我们就能看到事物原来的样子，朴实无华，平淡是真。

如此，文案笔下的品牌，尽管朴实无华，却充满原生的自然美。

还有什么比未经修饰的美更美呢?

你本来就很美。

——自然堂

原来生活可以更美的。

——美的

按你本来的样子生长。

——西安欧亚学院

若无其事，原来是最狠的报复。

——林夕《想哭》

原来爱情就是我正要表白，而你也刚好“正在输入”。

——RIO 锐澳鸡尾酒

原来这世界送给每一个人的，从来都是最好的设定。

——OPPO《与其向往，不如出发》

人间的真话本就不多，一个女子的脸红胜过一大段对白。

——《骆驼祥子》

153> “越……越……”

越怎么样，就会越怎么样。这是一种自然的相对逻辑，也是简单的教育型句式。我们在很小的时候，就一直在这样的话语中学习和成长，诸如：你越不听话，就越让大人讨厌；你越努力学习，就越能得到奖赏。

朴实的广告，也可以给受众灌输一些简单的相对逻辑，理性地传达品牌的主张，让受众在严谨的逻辑关系中认识品牌。一旦受众认同品牌的主张，就会产生内心的共鸣，对品牌产生好感。

懂越多，会越感动。

——佰草集

你越喜欢，我越可爱。

——《创造 101》

看得越多，越想看更多。

——知乎

过程越沧桑，眼神越有光。

——钉钉《酷公司》

你懂得越多，能懂你的就越少。

——江小白

表面越是简单，里面越有学问。

——诗玛表

越是一无所有，越是义无反顾。

——红星二锅头

越是强手，越是喜欢强有力的对手。

——宝马 MINI

年龄越大，越没有人会原谅你的穷。

——蚂蚁金服

154> “越来越……”

变化和趋势正在影响我们的生活，世界变化得越来越快，我们越来越被裹挟在浪潮之中，无法自主地行动。

广告是一种时代文化，也受到人文环境的影响，有意无意地催赶着人们向前，至于是不是走到了我们应该去的地方，谁也无法判断。

“越来越……”这种形式的语言，能给人慌乱的紧迫感。人们总是在慌乱的紧迫感中失去理智和判断力，容易听信于他人，所以房地产开发商和推销人员总喜欢使用这种手段。

文案也可以适当采用这种句式，毕竟这也是一种有效的说服受众的方式。

圈子越来越小，理想越来越老。

——凯爵啤酒

房价越来越高，梦想越来越远。

——红星二锅头

走场的应酬越来越多，走心的朋友越来越少。

——天猫酒水节文案

越来越多的女人，掌控自己的美。

——天猫女王节文案

155 > “再……（也）……”

在今天，品牌诉求已经不再停留于产品层面，而是表达品牌的一种态度，或者倡导一种更好的生活理念、生活方式。

我们利用“再怎么……也……”的句式，能表达说话的人对对方的重视和内心的诚恳，也能表达坚定不移的信念。

品牌以这样的文案提出诉求，能塑造一种真实、自信和可信赖的形象。

文案越来越难写了，然而文案再难写，也不能阻碍我们写出更优秀的文案。

再忙，也要和你喝杯咖啡。

——雀巢咖啡

相爱难得，就是再难也值得。

——伊利畅轻酸奶“520”《相爱难得》

再小的个体，也有自己的品牌。

——微信公众平台

大众都走的路，再认真也成不了风格。

——Jeep

世界再大，不过是一首歌的距离；世界再小，也能有一寸音乐天地。

——《歌手》

悲痛生长坚强，再大的灾难除以 13 亿我们也有信心承担，再小的努力乘以 13 亿也会变得无比强大。

——CCTV 抗震救灾宣传片

156> “再来/再一次/下一次/再出发……”

洞察目标受众内心的特殊情感，表达品牌对他们的理解与支持，以取得他们的好感，这是成功文案的不变法则。

积极的人都在不断追求，攀登高峰。然而，人生不如意事十之八九，每个人都难免经历挫折，都需要有人给我们鼓励，将我们从失败的旋涡中拉出来，使我们鼓起勇气，重新出发。

在城市居民已经越来越陌生化的今天，品牌开始扮演起人们的同伴的角色，向人们传达亲情、爱情和友情。城市里的人们也越来越不愿向周围的人宣泄情感，转而在具有不同情感属性的品牌身上寻找寄托。

燃起来，再出发。

——方太燃气灶

每次回家，都温暖了下一次出发。

——微信支付“春运”宣传片

所有的低谷都只为下一次的巅峰崛起。

——雪花啤酒勇闯天涯 superX

再出发。

——别克昂科拉

别克昂科拉视频文案

洗掉上一次的疲惫，

洗掉上一次的出发理由，

洗掉上一次的压力，

洗掉上一次的疯狂，

洗掉上一次的最高纪录，

洗掉上一次的不愉快，

……

泥巴、尘土、伤疤、故事统统洗掉，

昂科拉 100000（位）车主，

准备再出发！

再一次，为平凡人喝彩。

——央视公益广告

央视公益广告视频文案

生活没有彩排，

人生也没有裁判，

总会有些时候满心期待换来的是失望，

或者是不体谅。

环顾四周，

似乎只有你自己在徘徊。

努力了，

好像还是看不见希望。

你甚至一度认为，

没有人比你更加的不如意了。

渐渐地，

你会开始不自信，

不勇敢，

不愿向前……

然而，

每当这个时候，

你都能在心中听到一个声音，

清晰而坚定，

再来一次！

当生活的哨声响起，

再一次，选择责任与担当；

再一次，为成长积蓄力量；

再一次，只为追逐的梦想更近一些；

再一次，为了更多人能分享阳光；

再一次，相爱在通往年轻的路上；

再一次，坚守心中的完美！

这一刻，

每个平凡人，

旧的自我离开，

新的自我诞生。

成功与否并不重要，

因为这不仅仅是为了自己。

我们总会在逆境中汇聚起再一次的能量，

这个民族只会越挫越强，

这个世界永远欣赏每一个敢于再来一次的人。

再一次，为平凡人喝彩。

157 > “真正的……”

每一件新的事物真正进入人们的大脑，其实都是在刷新人们过去的认知。

广告如果要将信息灌输进人们的大脑，就必须给人们带来新思想、新观念。

在这个世界上，我们会将事物分为真的和假的。在广告初级阶段，企业总在广告中宣扬自己的产品是“正宗的”。不过，当每个企业都在说自己的产品是“正宗的”的时候，正宗的诉求就没有任何意义了。

如今，广告开始流行“真正的”诉求，它指向的不再是产品本身，而是某种认知理念，间接地传达品牌追本溯源和去伪求真的态度，以使人们另眼相看。

为真正的荣耀干杯。

——芝华士威士忌

好坏都包容，才是真正长大。

——松下抽屉式洗碗机

真正的光芒，需要一点点时间。

——锤子 Smartisan T1

真正的对手，是你最想赢的那个。

——安踏

真正的贫穷，是失去“向上的力量”。

——阿里巴巴

真正爱你的人，会像我这样抱着你。

——电影《小偷家族》

只有母亲和孩子，真正分享过心跳。

——《妈妈是超人第三季》

真正努力过的人，会明白颜值的重要（性）。

——美容仪（京东电器）

不要因为十指间的精彩，忘却了身边真正的风景。

——泰国 DTAC 电信

真的猛士，敢于直面惨淡的人生，敢于正视淋漓的鲜血。

——鲁迅《记念刘和珍君》

真正的安全除了保护自己，也要将安全感给予一路同行的人。

——别克君越

真正的财富不是你口袋里有多少钱，而是你脑袋里有多少东西。

——渣打银行

真正喜欢你的人，24 小时都有空；想送你的人，东南西北都顺路。

——滴滴

158> “之/的……”

这是一种直截了当的诉求，文案将品牌的目标受众、卖点或个性等以两个关键词进行组合，不伪装，不修饰，不做作。

这种文案适合男性商务群体，也常见于各类汽车文案中，风格简洁明快，具有干练的商务感。

如果以这本书做一个示范，那么它就是“文案之谜”。

王者之御。

——标致

灵感之茶。

——喜茶

赢家的风采。

——切诺基

新君子之道。

——别克君越

普通人的上帝视角。

——遥控小飞机（京东电器）

159 “之所以……是因为……”

品牌站在受众的立场，向周围的人就某种观念进行解释。而品牌也就成了这种观念的倡导者，成为消费者在各种社交场合表现自我的道具。

品牌时时刻刻在替目标受众着想，因为我们必须在消费者面临的无数选择中成为他们最青睐的那个。我们用商品满足人们普遍的功能需求，而用品牌满足人们特别的情感需求。

我们利用“之所以……是因为……”的句式，既能通过解释的方式传达某种观念，又能巧妙地将品牌的真实意图通过一种因果关系变得委婉。

比如，我们之所以自称第二，是因为我们认为我们还有很大的成长空间。

或者换一种说法，我们从未敢称领先者，因为这个世界没有绝对的领先者。

这样变相地说自己是第一或者领先者，应该不会被受众排斥吧。

我改变，是因为我想改变。

——《歌手》

你每天都很困，只因为你被生活所困。

——蚂蚁金服

你需要一双好鞋，因为你有许多人要见。

——社交女鞋“烫”

我失恋了，因为他说，我少了女人味。

——SARA SARA 莎啦莎啦香水沐浴露

选择留在这里，是因为还没找到离开的理由。

——搜狐视频《送 100 位女孩回家》

成功与否并不重要，因为这不仅仅是为了自己。

——央视励志广告《再一次》

人不能孤独地活着，之所以有作品，是为了沟通。

——新百伦《致匠心》

我们需要一位实习生，因为之前的那位已经成了 CEO。

——某招聘广告

对于未来，我一点也不担心。因为时光会把我变得更好。

——OPPO Ulike2

我去旅行，是因为我决定要去，并不是因为对风景的兴趣。

——马尔克斯《霍乱时期的爱情》

如果你看到前面有阴影，别怕，那是因为你的背后有阳光。

——全家 *Let's Café* 文案

160 > “值得……”

我们努力地活着，是为了什么呢？

我们配得上我们拥有的吗？我们得到的配得上我们付出的吗？

自古都有天道酬勤及天公不负有心人的道理。今天，品牌为了“讨好”和“取悦”受众，就通过文案把受众描绘成积极向上、智慧过人、努力拼搏和充满爱心的人。这样，受众会在虚荣心被满足的时候，首选广告中的品牌。

这很正常，品牌本身就是用来满足受众的精神需求的。

通常，人们花钱是为了享受，享受那种“值得”的虚荣与优越感。

你值得拥有。

——欧莱雅

每顿饭都值得被用心对待。

——百度外卖

每个认真生活的人都值得被认真对待。

——蚂蚁金服

世间所有美好的事，都值得花时间慢慢来。

——青岛啤酒

假如你不值得送 CHIVAS REGAL 这样的礼物，还有谁值得。

——芝华士威士忌

161 > “只……”

那些锁定你的品牌，会让你感受到它能理解和包容你，它只喜欢你，只爱你，只属于你。

另外，文案也常常“不要脸”地“冒充”用户说话，说用户只喜欢广告中的品牌，只选择该品牌。

还有一些传统的企业，当它们想要突出自己的差异性时，也会强调自身“只”使用某种原料，“只”采用某种工艺，“只”做什么样的产品，“只”提供什么标准的服务。

它们说的都是真的吗？不知道，反正这都“只”是广告。

只代表你。

——雪佛兰 SPARK

只用鲜花做好饼。

——潘祥记

放下地位，只谈品位。

——水井坊

橄榄油，我只爱欧丽薇兰。

——欧丽薇兰橄榄油

有皱纹的地方，只表示微笑曾在那儿待过。

——[美]马克·吐温

162 > “只……却/但……”

人总有自己的偏见，品牌作为受众的“代言人”，也作为“真理”传播者，需要通过文案为受众或“表明真心”，或“洗清冤屈”，或“伸张正义”，或为世间的万事万物做公开、公正和客观的阐释。

这种方式可以让品牌获得人们的好感。当然，品牌可能还有另一个目的，就是让大家不要对我们的品牌怀有狭隘之心和偏见，大家应该主动看到品牌的努力和存在的价值，支持广告中的品牌。

是的，你只看到这些简单和优美的文字排列，却不知道我常常在凌晨两点和清晨六点一字一句地思考和斟酌。有时，我还依靠咖啡和酒精的刺激，在亢奋的状态中认认真真地敲打出这些文字。而且这样的工作不是一天，而是持续了近四个月。

不过，这不是博取同情，这只是“只……却……”的句式的示范。这种句式真的非常好用，也很管用。

你只闻到我的香水，却没看到我的汗水。

——聚美优品

她只是看了你一眼，你却在心里演了场电影。

——网易云音乐用户评论

认识一个朋友只要3秒，不醉不归却要够年头。

——青岛啤酒

人只有一辈子，但电影可以让你体验一百万种人生。

——第十放映室公众号

待在北京的不开心，也许只是一阵子。

离开北京的不开心，却是一辈子。

——红星二锅头

163 “只怕/最怕/不怕……”

怕与不怕。

不怕失败，只怕绝望。

品牌作为正能量的传播者，总要把握受众敏感和脆弱的脉搏和神经，戳他们的痛处，挠他们的痒处，让他们不再恐惧过去恐惧的，坦然面对已经失去的，走出低落和消极的情绪，重新振奋起来。

好的品牌其实都是我们人生中的陪伴者，我们总是在有某种情绪的时候，想向某一个人倾诉；我们也会在有某种情绪的时候，通过消费或使用某个品牌的产品而获得情绪的缓解和释放。

好事不怕晚。

——青岛啤酒

只怕一生碌碌无为。

——钉钉《创业很苦，坚持很酷》

最怕不甘平庸，却又不愿行动。

——江小白

最怕一生碌碌无为，还说平凡难能可贵。

——网易云音乐用户评论

164 > “只要……（就能）……”

品牌要鼓励受众做出简单的改变，相信他们想要的都能通过自己的努力实现。

在现实生活中，人们总是畏首畏尾，感觉目标遥远，对脚下遥远而铺满荆棘的路充满恐惧。本质上，人都是孤独和脆弱的，需要来自身边的人的激励，让他们不会感到孤单和害怕。

品牌能通过鼓励性的文案，得到受众的“依赖”，成为受众人生路上的良师益友。放胆去做，只要你上路了，就一定会有惊喜出现。

只要你想。

——联想

只要有梦，你会红。

——浤丰洋酒

只要有梦想，凡事可成真。

——香港电信

只要步履不停，我们总会遇见。

——淘宝服装品牌“步履不停”

只要有光，就能点亮前行的脚步。

——奥迪 TT

只要心中有沙，哪里都是马尔代夫。

——途牛旅游

只要和你在一起，爱在哪里就在哪里。

——滨江南楼盘

只要一家人在一起，走到哪里都是团圆。

——爱彼迎

只要心够决。

——耐克《只要心够决》

耐克《只要心够决》视频文案

只要心够决，就能征服痛苦，利用它，控制它。

只要心够决，实现你的梦想。

只要心够决，从挫折中学习，学习如何胜利。

只要心够决，将所有（东西）燃烧成激情。

所有的痛苦、失败、批评、荣耀，

出手夺球，出手绝杀。

你可以做到任何事，

只要心够决。

耐克，尽管去做！

165> “只有/舍去……才能/方……”

和受众阐释朴实和客观的常识或道理，塑造一个知性的品牌形象。

人们都喜欢与正直、朴实和有智慧的人交朋友，一个知性的品牌也能获得大众的尊重。在物质生活日益丰富的年代，人们越来越在意精神需求的满足，越来越在意身边事物的文明程度。

在真与假、舍与得、付出与回报、因果报应之间，人们越来越懂得掌握其中的度，享受遵循自然之道的均衡生活。

品牌的诉求应该和时代文明同步，或者引领时代文明的进步。

舍去繁华，方得升华。

——宝马

只有越来越强大，才能越来越童话。

——电影《美人鱼》

只有认真的爱，才能升华至毕生幸福的婚姻之路。

——周生生

只有母爱，才能让谎言变成世界上最伟大的语言。

——公益广告

任何庆祝，只有更多人参与，才能拥有更多的快乐。

——网易

166 > “只有……”

说服总是伴随着强调。万事万物其实都很简单，品牌的诉求其实也就是人们某种需求的某一个切入点。

而生活中的人们，总是会被庞杂的信息和复杂的变化扰乱认知和判断，让我们把时间和精力花在没有意义的事务上，忽略了本该重视和在乎的东西。另外，面对复杂的环境，我们对内心的认知变得不确定，反而向外界寻求指引和解答。

文案诉求就是要掌握受众的心理和行为特征，让人们学会抓住根本，删繁就简，返璞归真。

只有天空在你上面。

——房地产广告

这世上只有一种病，穷病。

——电影《我不是药神》

昨天的我和今天的我，只有一书之差。

——日本集英社某读书活动

别人问我飞得高不高，只有她，问我飞得累不累。

——QQ 邮箱母亲节文案

在世界范围内的交流，只有音乐和巧克力不受语言的限制。

——日本乐口巧克力糖

167 > “至少……”

在无情与无奈的生活中，我们总要聚集起阳光和向上的力量，至少不负光阴，不负自我。

在主流消费群体中，经历过一些人生沧桑的中青年消费群体，其实已经在进与退中徘徊，他们慢慢地把希望和热血深藏于心底。这类群体已经不再有不切实际的幻想，也不希望经历大喜大悲，但偶尔也会有内心掩藏的情怀需要表达和被激励。

文案可以发现中青年群体内心的情怀，让他们在被所有人忽略的时候，还能看得起自己。

专注做点东西，至少对得起光阴岁月。

——新百伦《致匠心》

如果没有很多钱，至少要有很多头发。

——生发梳（京东电器）

168 “终究/最终/总会……”

在浮躁和焦虑的世界里，每个人都在奔跑和追求，担心跟不上时代，被世界抛弃，总感觉时间过得太快，想要的始终得不到。

受众面临的困扰不会逃过文案的眼睛，文案总能把受众的心带到一个花香四溢、美好无比的境地，让受众坦然地面对变化，面对得失。

一旦了解受众的需求和弱点，就能安慰他们，抚平他们的伤痕，让他们安然自在地活在原本美好的世界里。

爱不释手，终究慨然放手。
——方太

睡好美容觉，会来的总会来。
——钱皇蚕丝被

每个人的裂痕，最终都变成故事的花纹。
——张嘉佳

如果杰出人物确实有其先进之处，他终究是一个杰出者。

——苹果公司

生活，终究会成（为）一首诗。

以诗歌和春光佐茶。

——饮冰室茶集

妈妈的小棉袄，最终却并没有变成她的防弹衣。

——爱帝宫母婴中心母亲节文案

169 > “重要的是/不是……”

我们总是围绕自己认为重要的东西去付出和努力。然而什么是重要的，什么是不重要的呢？

文案通过表达一种价值观，提醒人们什么是重要的，什么是不重要的，让人们重新认识自己的需要，重新设计自己前行的路和方向。

对于文案（人员）来说，重要的不是写，而是去体验；重要的不是笔下的技巧，而是受众心中的幻想。

去哪里不重要，重要的是去啊。

——去啊 App

重要的不是享受风景，而是成为风景。

——方太

不仅仅是想去哪里，重要的是如何到达。

——三菱汽车

重要的不是什么都拥有，而是你想要的恰好在身边。

——斯柯达

170> “祝/愿/希望/记得……”

这种文案有很强的生活气息，一般有以下三种表现：

一是向目标受众表达一种祝愿和关心，让受众心生美好和温暖，让品牌获得受众的偏爱。

二是代替受众发声，表达受众内心的希望和对周遭的祝福或关爱，以获得受众的共鸣。

三是品牌表达自身的某种心愿，这种心愿可能与受众有关，可能与受众无关，只是纯粹地自说自话。

祝你“双 11”快乐。

——天猫

凉凉人生，记得保温。

——烧水壶（京东电器）

愿天下跑鞋，终能出柜。

——新百伦跑鞋

我不祝你一帆风顺，我祝你乘风破浪。

——美团网 CEO 王兴

愿十年后我还给你倒酒，愿十年后我们还是老友。

——江小白

愿世上所有的 25 岁，都是沉睡 20 年的 5 岁。

愿我们都能知世故，而不世故。

——腾讯视频《致佩奇》

帮很多人在这个城市安家，希望有一天自己也能够留下。

——招商银行信用卡《生活，不止期待》

当时间把我们变成了大人，愿我们也都能成为更好的家人。

——《长不大的弟弟》

171 > “自己……”

文案其实是一种鼓动性的语言，需要从受众的内心出发，找到刺激内心需求和欲望的诉求点，才能触动和激发受众的情绪。

“自己”不是别人眼中的我，而是内心的那个“我”，“自己”和别人看起来的“我”或许完全不是同一个人。特别是较为年轻的受众，他们在试探别人眼中的自己，也在思考内心中的自己。有时这两者完全是两个人，于是年轻人也尝试在这两者中寻找平衡。

相对来说，年轻群体血性方刚，他们想要树立自我，也容易受到言语的鼓动。所以，针对年轻群体的品牌，可以多采用这类文案。

从知己，看见自己。

——微醉（台湾调和式酒精饮料）

听什么歌都像在唱自己。

——网易乐评文案《听什么歌都像在唱自己》

忘记自己才能真正看清自己。

——[美]菲尔·奈特（耐克创始人）

一点一点，累积更好的自己。

——台新银行信用卡

你有权，活成自己想要的样子。

——JONAS & VERUS 时装表“双 11”文案

最美的，是你为自己骄傲的（地）微笑。

——耐克《活出你的伟大》

追光的人，自己也会身披万丈光芒。

——腾讯视频《六幕青春》

生活方式与爱一个人一样，都要自己选。

——江小白

机会不能逃跑，能逃跑的永远是你自己。

——昆仑山矿泉水

只有你自己可以改变自己，对的事天天做。

——泰国“Naturegift 711”塑身咖啡

天天相见，却从未相识的陌生人，是你和你自己。

——淘宝女装品牌“步履不停”

脱掉衣服之后，你不知道自己是谁；

脱掉衣服之后，你才知道自己是谁。

——中兴百货

你决定自己穿什么。

——NIKE WOMEN

NIKE WOMEN 全文案

找出你的双脚，穿上它们，

跑跑看，跳一跳……用你喜欢的方式走路，

你会发现所有的空间都是你的领域，

没有任何事物能阻止你独占蓝天。

意外吗？你的双脚竟能改变你的世界。

没错，因为走路是你的事；

怎么走由你决定；

当然，也由你决定自己穿什么。

172> “自由……”

自由是一种率性和本真的精神状态、人生态度或生活方式。人是环境的产物，总有各种各样的约束，于是自由就成了人们一生的梦想和追求。

在文案中体现自由，能激发人们心中压抑的梦想，让人们想要放飞自我，去想去的地方，说想说的话，做想做的事。

有关“自由”的文案，总能带给我们自由的感觉。这种感觉转移到品牌身上，品牌就会变成人们心中自由与梦想的象征或代名词。

在生活中，需要多一些率性和本真的人，也需要多一些传达率性和本真精神的品牌。

自律给我自由。

——Keep

烦恼很远，快乐很近，探路者，自由的心。

——探路者（户外运动品牌）

把感觉放在心里走出去，追寻自由的空气。

——《歌手》

我不能选择怎么生，怎么死，但我能决定怎么爱，怎么活。

这是我要的自由，我的黄金时代。

——电影《黄金时代》

173 > “自有/自在/自己会……”

道法自然，所以我们应该顺其自然，关注内心的修养，而不是关注外在的浮华。我们应该顺应时代变化，而不是与整个世界为敌。

按照自己的信念行事，无视周围的轻视、不解或不配合，全身心浇灌自己的土地，静守花园，静待花开。这其实是人生的一种境界，能让人们静下来，享受时光。

文案也能净化受众的身心，让受众变成更美好的人。

繁简自有文章。

——一汽大众

不喧哗，自有声。

——别克君越

境由心生，自在娇子。

——成都娇子

跑下去，天自己会亮。

——新百伦

174 > “总是……”

世间总有不变的真理，真理不会对任何人偏颇，它对任何人都产生同样的效果。

我们应该明白这些真理，按照自然规律学习和发展，安然自在地按照自然与逻辑思考和生活。那么，总会有惊喜出现在眼前。

说服一个人，不必危言耸听，也不必煽风点火，只要平静而诚恳地进行劝说，对方总会领会。同样地，只要文案的引导对受众是有益的，受众就会追随品牌的脚步。

时间，总是犒赏那些珍惜时间的人。

赶时间的人，总是没时间。

——某地产广告

时尚，总是紧跟女人的步伐。

——西门子 MINNIE

来去之间，你总是能掌握时间。

——劳力士

通往成功的路，总是在施工中。

——Johnnie Walker 威士忌

爱情和谋杀一样，总是要暴露的。

——[英]威廉·康格里夫（剧作家）

人就像汤一样，总是要熬很久才能出精华。

——公益广告《信心汤》（金融危机期间针对失业者而做的广告）

175> “总有……”

无论如何，总有人默默地关心着你。无情的世界总会有有情的存在，极度冰冷的地方也总会有温暖。

用文案向受众传播温暖，给人们带来信心。那么，在人们需要温暖和信心的时候，他们会想起你。他们会用你的产品温暖他们的身体，用你的品牌温暖他们的精神。

每个人都要相信世界总有美好的存在，这样自身也就永远充满暖意和阳光。

总有一些文案，就像天使，向人们播撒温暖和阳光。

总有新奇在身边。

——陌陌

这个世界，总有人偷偷爱着你。

——999感冒灵感恩节文案

总有一些风景，是我们的想象到达不了的地方。

——《航拍中国》

人生不过 76000 顿饭，总有一顿让你热泪盈眶。

——百度外卖

总有一些温暖，包裹着冷若冰霜的外表。

总有一些误解，不去了解，是不会解开的

螺蛳粉的美味，了解过才知道。

——好欢螺螺蛳粉

176 > “最……是……/是最……”

品牌通过文案与受众分享对事物的一种理解或态度，表达品牌倡导的价值取向。

品牌是产品或服务的提供者，它对该产品或服务的价值和意义都有它独特的主张。让受众关注、理解和接受它的方式就是将它极端化，这并不是夸张，而是一种取向。如果受众也认同这种取向，那么就会和品牌产生共鸣，乐于消费品牌所提供的产品或服务。

最好的文案是让人觉察不到文案存在的文案。

能让人的意识瞬间从生活的琐碎中抽离出来的，是最好的文案。

风度是最美的速度。

——别克君越

认真的女人最美丽。

——台新银行玫瑰卡

衣服是最动人的语言。

——淘宝女装

美食是相逢最美好的理由。

——《风味人间》

最长的约定，是和你约的下顿酒。

——青岛啤酒

世界上最重要的一部车是爸爸的肩膀。

——中华汽车

世上最遥远的距离，是碰了杯却碰不到心。

——江小白

孩子，是夫妻一生中签收的一份最珍贵的生命快递。

——德邦快递儿童节文案

童年里最动人的时光，存留于衣柜中不愿扔的旧衣裳。

——香港旅游发展局

177 > “最大的……”

最大的是什么？

最大的房子是什么？最大的梦想是什么？最大的胜利是什么？最大的谎言是什么？

品牌理解和传播的“最大的”和我们常识中的一定是不一样的。正是品牌对事物不一样的理解，塑造了品牌的内涵、个性与风格，让品牌拥有一批内涵、个性和风格一致的消费者。

心，是人生最大的战场。

——统昂·幻象马雅咖啡

最大的胜利就是胜于自己。

——雀巢 MILO（可可粉）

世界上最大的谎言是你不行。

——日本电影《垫底辣妹》

这辆新型劳斯莱斯在时速达到 60 英里时，最大的噪声来自电子钟。

——劳斯莱斯

178 > “最好的……”

如果可以的话，那么每个品牌都希望消费者认为它是最好的。

把自己形容成“最好的”很容易，但是让受众自然地接受自己是最好的，这很难。那艰难的任务就交给专业的文案吧。

示范一下，如果要说我们的房子是最好的房子，那么我们就说“用最好的价格买最好的房子”。受众不会排斥我们，因为我们并没有要求受众接受我们卖的是最好的房子，但是受众一定知道我们要说什么。

最好的品牌不一定是事实上的最好，但在你看来，它就是最好的。

用最低的价格买最好的汽车。
——通用汽车

成长只有一次，给他最好的。
——伊利 QQ 星

最好的答案，不在熟悉的路上。

——奥迪 A6L

狗狗把最好的给了我们，Pedigree 也把最好的给它。

——泰国 Pedigree 狗粮广告《妈妈和小茉莉的故事》

过来人总喜欢急着帮你断言未来，但我知道，时间会给我最好的答案。

——JONAS & VERUS 时装表“双 11”文案

179 > “（做）自己……”

做自己到底是一件简单的事还是艰难的事呢？

总有各种羁绊和约束，让我们无法按照自己的方式活出我们想要的样子。这是多数人心里的痛，也是多数人努力向前的压力和动力。

而越是人们想要而不能得到的，越是文案可以用来刺激人们的。那么，就算我们不能做自己，我们也会时刻记住我们要做自己，品牌就是这样提醒和激励我们的。

被人们推崇和追随的，都是独立而勇敢的人。品牌也应该传递强烈的正能量，塑造一个独立而勇敢的品牌形象。

只做自己。

——PUMA

勇敢做自己。

——361 度

喝贝克，听自己的。

——贝克啤酒

此刻，做自己的主。

——航班管家

面对心中的怕，做勇敢的自己。

——台新银行玫瑰卡

生命线我相信，不过我要自己划。

——NIKE WOMEN

我们唱出音符，而声音使我们成为自己。

——《歌手》

女人的命运自己决定，算得好天注定，算不好是迷信。

——《悦己》杂志

经济独立了，才敢做真实的自己，否则只好一直做别人喜欢的自己。

——蚂蚁金服《年纪越大，越没有人会原谅你的穷》

180 > “××你/我××”

将自己和世界完全孤立起来，我就是我全部的世界，我只在乎我在乎的人，我只关心我关心的事，我只喜欢我喜欢的风格。

这能传递一种强烈的个人主义色彩，也具有一种成熟、独立和负责任的意味，所以这种文案也能让年轻群体喜爱。

热爱我的热爱。
——雪佛兰

和你一起守护你守护的人。
——合库人寿

181 > “××就是××”

“××就是××”，这样的话语一般出自青春叛逆期的孩子，因为他们认为和长辈解释也没用，长辈要么不懂，要么不会接受。

这是青春期孩子独立自主意识的心理表现，文案使用他们的语言，替他们表达，能俘获他们什么都不在乎的叛逆之心。这类文案适合针对青春期受众的品牌。

好吧，好文案就是好文案，不解释。

I am what I am.（我就是我。）

——锐步

不爱就是不爱。

——欧丽薇兰橄榄油

182> “××就是/即YY”

采用这种句式的文案比较常见，品牌通过阐释对某一事物的理解来传达品牌的诉求或价值观。

不同品牌的特性和诉求不同，它们所针对的受众也不同，所以不同品牌对同一事物所表现出来的观点也是不一样的。

以这样的句式表达品牌的诉求和价值观，是一种间接和优雅的方式，能让受众对事物有新的理解，使他们在文案带来的一种知性的意境中自然地领会品牌的意义。

文案就是被文字化了的品牌，品牌就是人们在精神上对商品的虚构。

Time is love.（时间即爱。）

——铁达时表

眼界即人生。

——腾讯新闻

乐趣即生活。

——宝来

理想就是离乡。

——网易云音乐用户评论

渴望就是力量。

——百事可乐

真实就是力量。

——CCTV《见证》栏目

全家就是你家。

——全家便利店

买保险就是买平安。

——平安保险

进步就是永不停步。

——丰田汽车

四十岁就是新的二十岁。

——毛不易

给人幸福就是幸福。

——国泰金控《幸福计划》

爱就是，有话好好说。

——台湾电信

一个人就是一条道路。

——慕思和许巍《觉/醒》

起步，就是与世界同步。

——雅阁

成功就是意志的较量。

——瑞士运动手表 TAG Heuer

勇气是压力之下的优雅。

——[美]海明威

广告是一场甜蜜的冒险。

——智威汤逊

音乐是每个时代的记录者。

——《歌手》

今天，是你余生的第一天。

——网易云音乐“2018 年，照见自己”

整个城市，就是我的咖啡馆。

——统一 CITY CAFÉ

人变得庸俗，是从发胖开始的。

——更美 App

爱情是，他不好好爱，我就横刀夺爱。

——宜家

成长是，学会把岁月的风霜，变成梳妆台上的眼霜。

——美图美妆

成长就是将哭声调成静音，约酒就是将情绪调成震动。

——江小白

自由就是，知道你的最爱，并无所顾忌地爱它。

——OPPO Ulike2《曲婉婷篇》

自由就是，路在（再）长，也长不过我 35 码半的脚步。

——OPPO Ulike2《Molly 篇》

自由就是一种当下的感觉，当下你身边发生的一切事情，这一刻，这一刻，这一刻……

——OPPO Ulike2《陈漫篇》

生活就是寻找自己的过程，在不知道要去哪里，不知道还有多远时，只管跑就是了。

——新百伦

183 >“××，才××”

商品是用来满足人们的基本需求的，而品牌则带来具有差异化的商品。这种差异化可能是商品本身的差异，也可能是不一样的精神价值。

差异化是使品牌成功推广的根本。文案需要对这种差异化进行语言的包装，让人们认识到这种差异化的重要性和特殊意义，从而愿意在众多的品牌中只为我们的品牌买单。

文案有心，品牌才有灵魂。文案有爱，品牌才有温度。

糯好，粽才好。
——五芳斋端午节文案

有压力，才有动力。
——统一油压王

爱在日常，才不寻常。
——宝洁

房子是多功能的，人的生活情趣才会是丰富的。

——成果社区楼盘

我走的时候叫“Timberland”，回来时才叫“踢不烂”。

——Timberland

184 > “××，非××”

这类句式前后用词的词义方向相反，一句话就实现了意义的反转，既能传达品牌不一样的观念，又能刺激受众的神经。

我们理解一个事物，往往会趋同于一个方向，一种认知，或一种态度，其实事物可能都有两面性。我们换一个角度会有完全相反的认知，我们也可能做出相反的解释。

繁与简，快与慢，攻与守，苦与甜，聪明与笨拙，这些看似相反的意思，原本都是同一事物辩证的两个方面，而非永不融合的两个极端。

品牌要么传达对商品本身的理解，要么传达该商品与人的关系。要使人们启动认知和记忆系统，必须刷新人们的认知。而从人们熟悉的事物着手，呈现该事物辩证统一的另一个方面，不失为一种有效的方法。

文案越短，力量越强。语言越普通，意义越不同。

简，而未减。

——iPad mini

家常不寻常。

——每日优鲜

简约，不简单。

——利郎商务男装

身未动，心已远。

——旅游卫视

拿得起，放不下。

——周大福珠宝

色易守，情难防。

——电影《色戒》

爱说谎，爱不说谎。

——台湾合库人寿广告《爱说谎的妈妈》

不同的酷，相同的裤。

——李维斯

有意瞄准，无意击发。

——柴静《看见》

不敛锋芒，尽显光芒。

——奔驰 GLK300

后会无期，相聚有时。

——电影《后会无期》

多一点润滑，少一点摩擦。

——统一润滑油

苦苦的（地）追求，甜甜的（地）享受。

——伊利苦咖啡雪糕

沿着旧地图，找不到新大陆。

——李宁

秘密可以埋藏，心事无处安放。

——电影《心迷宫》

过期的旧书，不过期的求知欲。

——诚品书店旧书拍卖会

可怜的旧情人，看不到我的新内衣。

——思薇尔

嘴硬着跟你吵架，心软着给你炒菜。

——苏泊尔

中奖是爱的回报，不中是爱的奉献。

——福利彩票

可以触摸的真实，不能复制的稀有。

——鸿胜一品公馆地产

你习惯的日常，是他们生活的向往。

——三星“希望星世界”公益活动

你可以对我提任何要求，对生活不行。

——电影《神秘巨星》

祝你们幸福是假的，祝你幸福是真的。

——网易云音乐用户评论

质疑抱怨的员工少了，慕名而来的伙伴多了。

——钉钉《创业很苦，坚持很酷》

酒后吐出的真言，清醒时已经在心里说过千遍。

——江小白

我们的一句随口说说，就是父母的大动干戈。

——唯品会“年货节”文案

能为她打拼的时光有一大把，能陪她的童年只有这一小段。

——爱奇艺《爸爸不缺席篇》

185> “××……××……”

文案追求简短，需要把能删除的词都尽量删除。所以，在一句文案中，通常一个词不会出现两次。

如果一个词在一句文案里出现两次，那么首先会令人好奇，想要了解这句话的特别含义；其次词语的重复会消除人们的陌生感，使他们静下来“倾听”，揣摩文案的意图。

同一个词语同时和两种事物进行组合，这两种原本毫无关系的事物便产生了“碰撞”，这种“碰撞”产生的意义正是品牌的诉求点。

一篇文案，一种人生。一边文艺，一边打广告。

喜欢文艺，喜欢文案。

仅做示范。

喜欢吃面，喜欢西安。

——大熹安

心意有别，心中有度。

——马爹利

精致生活，精彩演绎。

——爱丽舍

一面科技，一面艺术。

——小米手机

一股浓香，一缕温暖。

——南方黑芝麻糊

懂你说的，懂你没说的。

——别克英朗

美来自内心，美来自美宝莲。

——美宝莲

看出一点真，看出美好人生。

——眼镜 88（香港眼镜品牌）

中国人的生活，中国人的美菱。

——美菱冰箱

谁按规定去爱，谁就得不到爱。

——[法]蒙田（作家）

年年都有一个领袖，年年都是凯迪拉克。

——凯迪拉克

因为理想，成了兄弟；因为钱，成了仇敌。

——钉钉

186 >“××…… ……××”（回环）

在这类文案中，第一个词语与最后一个词语相同，这种句式类似于“回环”，但并非严格意义上的“回环”。

在生活中，某一事物本身，可能也是该事物引发的一系列事件的终点。比如，“我做了选择，选择决定了我”，这种逻辑能给我们人生的启发。同样，文案（人员）也可以利用这种逻辑启发受众，或阐释某种逻辑关系，或强调某种观念，间接地传达品牌的主张。

另外，这类文案也充满了语言逻辑的趣味性，让人们产生阅读的愉悦感。

“智慧的文案（人员），成就人们的智慧。”

“我们在阅读文案，文案（人员）在阅读我们。”

偷心的人，心已被偷。

——奔驰 SLK 跑车

普通的改变，将改变普通。

——淘宝服饰新品发布会

等级划分一切，你划分等级。

时间改变一切，你改变时间。

——奥迪 A8L

你们再看看书，我再看看你们。

——晨光文具“高考热点”文案

伟大的对手，成就对手的伟大。

——宝马《纯粹运动精神》

时间会证明一切，但我就是不等时间。

——奔驰

服装就是一种高明的政治，政治就是一种高明的服装。

——中兴百货

187 > “……××，××……”（顶真/回环）

前一句结尾的词语正好是后一句开头的词语，这是文学中“顶真”的句式；在“顶真”的基础上，如果第一句的第一个词语也是最后一句的最后一个词语，那么就形成了“回环”的句式。

顶真或回环常常应用于诗词中，这种诗词读起来有韵律感，蕴含着简单而深刻的哲理，也容易在民间流传下去。

优秀的文案要有几种功能，一是传达品牌的诉求；二是具有某种“哲理”，能启发人们思考，或刷新人们的认知；三是让人们乐于阅读并乐于传播。如此看来，如果能利用好“顶真/回环”句式，那么你写出来的文案一定是佳作。

文案的知音是受众，受众的知音是文案。

万家乐，乐万家。

——万家乐电器

你不理财，财不理你。

——《理财周刊》

远方成了家，家成了远方。

——好时巧克力

没事多喝水，多喝水没事。

——台湾多喝水矿泉水

贫者因书而富，富者因书而贵。

——永汉国际书局

车到山前必有路，有路必有丰田车。

——丰田

50 岁不是问题，问题是 50 岁才发现自己有天分。

——天猫《理想生活趋势》

188 >“……××，……××”

前一句结尾的词语，也是后一句结尾的词语，意味着两句表述的落脚点都落在该词语上，用以突出某一事物或某种理念。这种字词的重复具有特别的强调意味，更能冲击受众的认知。

同一个意思可以延展到不同方面，同一事物也有不同方面。通过不同角度或不同性质的重复，我们能从中感受到事物的多重意义，印象也更加深刻。

聪明的品牌都只会把诉求落在某一个具体的点上，而如何才能使这一诉求让受众感受到并铭记在大脑中，是需要文案深思熟虑和再三斟酌的。

文案，就是看透，想透，然后写透。

想到，做到。

——通用电气

爱我，就跟随我。

——Kappa

慈母心，豆腐心。

——中华豆腐

弹指间，心无间。

——腾讯 QQ 十二周年文案

药材好，药才好。

——仲景六味地黄丸

福到了，家就到了。

——支付宝五福电影《七里地》

夏天很热，爱要趁热。

——哈根达斯

心里有事，请个事假。

——礁溪老爷酒店

远离掌声，聆听心声。

——水井坊

那时风动，此时心动。

——《如果国宝会说话》之“贾湖骨笛”

包容百味，才更有年味。

——老板电器

玻璃心，磨成了钻石心。

——钉钉《创业很苦，坚持很酷》

你放弃，动物们也放弃。

——“防止地球变暖”公益广告

安全存在，安全套不存在。

——杜蕾斯

让你的左右，不被产品左右。

——锤子手机 Smartisan T1

跟自己作对，才能把难题做对。

——腾讯奥运广告

你做什么，孩子就跟着做什么。

——美国“孩子成长”公益广告

生活错位了多少，你就错失了多少。

——滴滴“橙色信封行动”

说好的早点回家，你却提着早点回家。

——某地产广告

我们将你放在第一，你也会将我们放在第一。

——雪佛兰

有多少心，用多少心。

中国路，大众心。

——大众（中国）十周年文案

后记

世界，因文案而迷人

一

每一本书的完成，都很不容易。

每一本书，都是作者在无数次想要放弃的煎熬痛苦中，坚持写完最后一个字的。而这种感受，只有写过书的人才能体会。

所以，自从我出版了第一本书之后，我就由衷地尊重每一本书，尊重每一位作者。

二

每一本书，都是作者无数个日日夜夜学习、思考和探索的智慧结晶。尤其这本书是一本特殊的书，我要感谢贡献了这么多优秀文案的广告主和文案（人员）。当然，这种感谢之词我在书中已经重复了很多遍。

首先，我由衷地尊重和欣赏这些广告主或品牌。其次，如果我能见到列入本书的文案的创作者，那么我也一定会代表读者向他们亲口致谢。我也希望文案的创作者能因为自己写的文案被列入本书，而感到自豪。

特别说明，本书没有收取任何一个广告主的广告费。

三

每一本书的完成，都不只有作者个人的功劳，还有作者身后的很多人，以及为这本书付出辛劳的很多人。

所以，一如既往地感谢我的父母和我的兄弟姐妹，这本书其实是我代表你们而写的，我的智慧和学识主要来自我的家族。

特别感谢懂得这本书的价值，也乐于出版和推广这本书的刘声峰老师。谢谢黄菲老师，谢谢为这本书的编辑、出版和发行付出辛劳的出版社的其他老师。

四

在写本书的过程中，为了补充最新的文案案例，我借助了一些微信公众号，以下是对我补充案例起到帮助作用的部分公众号：小青记（ID：angelinaqing520），营销品牌官（ID：aaaacopys），广告女王（ID：adqueen），休克文案（ID：SHOCKCW），文案人于极（ID：jimtchina），4A 广告文案（ID：AAAAIdea），数英DIGITALING（ID：digitaling），颜值设计（ID：naoku2018），创意广告坊（ID：cywzf2013），广告文案（ID：adwriter），三茅网（ID：sanmaohr），文案君（ID：MrCopywriter）。

这些都是非常优秀的微信公众号，读者可以“加关注”。

五

我从事过很多行业和职业，也做过各种各样的工作。不过，在所有的职业和工作中，我最喜欢的还是文案职业，最喜欢做的事情还是写文案。

如果这个世界全是由迷人的文案构成的，那么我喜欢这个迷人的世界。

最后，愿你也能做一名迷人的文案（人员），随时随地写出迷人的文案。

世界，因文案而迷人。

图书在版编目（CIP）数据

顶尖文案：188种走心广告句式 / 汪豪，尹雨诗著. —北京：电子工业出版社，2020.3
ISBN 978-7-121-38229-1

Ⅰ. ①顶… Ⅱ. ①汪… ②尹… Ⅲ. ①广告文案—写作 Ⅳ. ①F713.812

中国版本图书馆CIP数据核字（2020）第009722号

责任编辑：黄　菲　　文字编辑：刘　甜　　特约编辑：白俊红
印　　刷：涿州市京南印刷厂
装　　订：涿州市京南印刷厂
出版发行：电子工业出版社
　　　　　北京市海淀区万寿路173信箱　邮编 100036
开　　本：720×1 000　1/16　印张：23　字数：295千字
版　　次：2020年3月第1版
印　　次：2020年4月第2次印刷
定　　价：68.00元

凡所购买电子工业出版社图书有缺损问题，请向购买书店调换。若书店售缺，请与本社发行部联系，联系及邮购电话：（010）88254888，88258888。
质量投诉请发邮件至zlts@phei.com.cn，盗版侵权举报请发邮件至dbqq@phei.com.cn。
本书咨询联系方式：1024004410（QQ）。